# 棒を振る人生

## 指揮者は時間を彫刻する

佐渡 裕

PHP文庫

○本表紙図柄＝ロゼッタ・ストーン（大英博物館蔵）
○本表紙デザイン＋紋章＝上田晃郷

# はじめに

この本は、僕の単著ということでいえば三冊目の本になる。そして前の二冊とはまったく内容の違う本になった。

一冊目の『僕はいかにして指揮者になったのか』(新潮文庫)は僕が三四歳のときに書いた本で、僕がどんなふうに音楽のとりこになり、どんな人たちと出会いながら指揮者になったかを自伝ふうにつづった内容になっている。

二冊目の『僕が大人になったら』(PHP文庫)は、月刊誌「CDジャーナル」に一九九七年から二〇〇一年に書いた連載がもとになっている。ヨーロッパで次々と新しいオーケストラに客演を続けながら、成功と失敗を繰り返し、そこで感じた音楽をつくるよろこびを現地から報告した奮闘記だ。

それから一〇年余り、つまり四〇歳前後から五〇歳台に差しかかる約一〇年間で僕の音楽人生はいくつかの大きな節目を刻むことになった。

国内では一九九九年から恩師レナード・バーンスタインの遺志を継ぎ、子どもたちに音楽の楽しさを伝えるオリジナルの「佐渡裕ヤング・ピープルズ・コンサート」を始めた。また同じ年から〈サントリー「1万人の第九」〉の指揮をするようになった。二〇〇五年には阪神・淡路大震災の復興のシンボルとしてオープンした兵庫県立芸術文化センターの芸術監督に就き、地域に根差した場で、人々にとって音楽がどうして必要なのかを考えていくことになる。二〇〇八年からは音楽番組「題名のない音楽会」の司会を務めている（～二〇一五年）。

この間、ヨーロッパでは一九九九年にフランスの名門パリ管弦楽団へのデビューを境に、各国を代表するオーケストラに招かれるようになった。そして五〇歳を迎えた二〇一一年五月には、子どものころからの夢だったベルリン・フィルハーモニー管弦楽団の定期演奏会の指揮台に立つことができた。

振り返ってみると、こうした体験のそれぞれが、僕の音楽に対する取り組み方に大きな影響を与え、僕のつくる音楽の豊かな養分となってきた。そして折々に人間にとって音楽が存在する意味、音楽が持つ力とはたらきについて考えさせられた。

一方で、演奏会の善《よ》し悪しを自分で判断する基準は昔からちっとも変わっていない。

もしも今日の演奏会の客席に小学五年のころの自分がいたとしたら、彼は演奏に満足するかどうか、佐渡裕少年に誇れる演奏会がつくれたかどうか、それが僕のなかの絶対基準になっている。それは今後も変わることなく、僕は指揮棒を振っていくだろう。

この本は三〇年間、指揮者を続けてきた今の僕から見える音楽の風景をつづった、いわば佐渡裕の指揮者論、音楽論になっている。

ステージでは指揮台の上で腕を振り回して最も目立っている指揮者だが、実際には一つも音を出していない。指揮者が現場で日常どんな仕事をしているのかは、一般にはよく知られていないと思う。

指揮者は「作曲家が楽譜に込めた意図を読み取る」とか「オーケストラをまとめあげる」などと漠然と言われるが、現実的にはむちゃくちゃ人間臭いことをやっている。

オーケストラのメンバーやスタッフと感情的にぶつかることもあれば、涙を流してよろこびを分かち合うこともある。地域劇場の芸術監督でもある僕は、演奏会のプログラム構成やソリストの人選だけでなく、地域やお客さんとのつながりも大事にしてきた。

そんなふうに指揮者は多分に俗っぽい側面を持ちながら、それでいて音楽が本来持つどこか神聖な世界に属してもいる。直面する困難もドキドキ感も、結局はすべて「いい音楽」の前にひざまずいているという存在でもあるのだ。

そう書いている自分でも、では指揮者とはいったい何なのか？　とあらたまって聞かれると、今でもわからないところが少なからずある。

指揮者とは何のためにいるのだろう。

指揮台の上で何をやっているのか。

これはもしかしたら、自分に対して一生投げかけていく問いなのかもしれない。

この本では、僕がこれまで体験したエピソードとともに、苦しんだり感激したりしている指揮者の生の姿を伝え、指揮者とは何か、音楽とは何かを読者のみなさんと一緒に考えていきたいと思う。

本書のサブタイトル「指揮者は時間を彫刻する」は、バーンスタインが出演した米国のテレビ番組「オムニバス」の中の言葉から引いた。この言葉も指揮者とは何をしているのか？　という問いに対する答えの一つだろう。

バーンスタインはおおよそ次のように語っている。

指揮者は彫刻家のようなものだ。ただし大理石ではなく時間を彫刻する。その作業には優れたバランス感覚を要し、最適なリズムと全体の構造を把握しなければならない。どこで音楽が緊張し、高まり、鎮《しず》まって次に移るエネルギーを蓄《たくわ》えるのか。これはどんな指揮者も学んで手にすることのできない、指揮というものが持つ神秘だ。音楽は時間の流れとともに存在する。だから音楽は彫刻とは異なり、好きなときに手に取って眺めたりすることはできない。すべての音楽は響くと同時に消え去ってしまう。過ぎ去った時間は取り戻せない。

音楽は人生において最も美しいものだ。

その思いを読者のみなさんと分かち合えればと思う。そして、この本がみなさんにとって、一歩でも音楽の世界に近づくきっかけになってくれればうれしい。

二〇一四年一〇月

佐渡 裕

# 棒を振る人生

指揮者は時間を彫刻する◎目次

## 第一章　楽譜という宇宙

## 第二章 指揮者の時間

# 第三章 オーケストラの輝き

## 第四章　「第九」の風景

第五章　音楽という贈り物

## 終章 新たな挑戦

# 第一章　楽譜という宇宙

## 指揮者は何のためにいるのか

レナード・バーンスタインがオーケストラに向かって、ブラームスの「交響曲第一番」の指揮を始めた。弦楽器、木管楽器、金管楽器、打楽器が全体で演奏する印象的な序章。

ところが、指揮者は間もなく両腕をダランと下ろして指揮することをやめた。それでもオーケストラは、何事もなかったかのように続けて演奏している。

CBSのテレビドキュメンタリーとしてバーンスタインが企画、出演した「オムニバス」の一シーンだ。バーンスタインはテレビの向こうの視聴者に、こう問いかけている。

「指揮者って何のためにいるの?」と。

後年、バーンスタインの遺志を継いで子どもたちのためのオリジナルコンサート「佐渡裕ヤング・ピープルズ・コンサート」を企画した僕は、指揮台の上に寝っころがって、ちょっとオーバーにこれをやってみた。やっぱりオーケストラは何食わぬ顔で演奏を続ける。

指揮者とは何のためにいるのだろう。

指揮台の上で何をやっているのか。

この章ではまず、指揮者という仕事が持つ醍醐味と、それに伴う苦労をつづってみよう。

指揮者と聞いて、みんなが真っ先に思い浮かべるイメージは、ステージでオーケストラに向かって指揮棒を振っている姿だろう。しかし、指揮者の仕事のほとんどは、指揮台に立つ以前にある。

まず楽譜。リハーサルで指揮者が自分のイメージする音楽をオーケストラに伝えるとき、指揮者と演奏者の〝共通言語〟になるのが楽譜だ。楽譜は演奏者とのコミュニケーションを図る最大の手段となる。

指揮者はオーケストラの中で唯一、音を鳴らさない音楽家だ。そんな指揮者の指揮に応えて、奏者が弓を動かしたり、息を送ったり、ものを叩いたり、声を出したりする。それによって空気が振動して、人の鼓膜を震わせ、人の心を揺るがせる。感動が生まれる。

つまり音楽は、言ってみれば、記号でしかない楽譜を、具体的な空気の振動に変えることで、人々に感動を与えることができる芸術である。

では、指揮者はどんなふうに楽譜を読み解いていくのか。

## 楽譜は建築でいえば〝設計図〟

交響曲のスコアであれば、楽器とパートの種類が多いので、一ページに五線譜が三〇段以上あることもめずらしくない。人間の耳は通常、四種類を超えて異なる音が同時に鳴ると、個別に判断できなくなるという。

三〇段をパッと見たときに、三つか四つのグループに見えるよう整理して頭の中で音を鳴らす。しかし、実際にオーケストラで音を鳴らすまで、あくまでそれは頭の中の想像に過ぎない。

これは基本中の基本で、問題はそこから先の、譜面の解読を深めていく作業にある。複雑に構成された音符や記号を読み解いて、作曲家が楽譜を通して表現したかったものは何なのかを探っていく。

つまり指揮者の第一の役割とは、譜面と向き合って、そこに作曲家が残した〝暗号〟を読み解いて、作曲家が意図した音のイメージに近づくことである。

発見すべきことは山ほどあるし、誰にもまだ発見されていないものもある。作曲家も気づいていなかった新しい音の効果や聴き手の受け止め方を求めて、指揮者は譜面に向かう。

一度の指揮で見つけられなくても、回を重ねるたびに新しい発見が得られることがある。大事な出会いを得たり、大切な人を失ったり、歳を重ねて経験を積み、心の引き出しが増えたとき、遠くにあった音楽が、ふっと猫のようにそばに寄ってきてくれることもある。

楽譜は建築でいえば設計図のようなものだ。優れた作曲家は、具体的な建物がどんな天候の中で、どんな場所に建ち、どういう人たちが、何を目的にその建物を使うのか。そういうところまで考えて、楽譜という設計図に自分の音のイメージを表現している。

指揮者はその設計図を見て、作曲家のつくり上げた建築物を想像し、それを建てるためにどういう職人（演奏者）と、どういう材料（音）が必要で、どの職人と職人がどういうふうに力を合わせれば、優れた建築物が建てられるかを考える。

考えてみれば、不思議なことだ。見知らぬ土地で、しかも二百年も三百年も前につくられた作品が、同じ譜面を手にしさえすれば、現代のドイツでも日本でも同じ演奏ができるのだから。指揮者は、楽譜という記号を使っていったん〝冷凍保存〟された音楽を、生き生きと今の時代に再現しようと、全身全霊で想像を巡らせる。

作曲家はその音の風景に何を求めたのか。最も単純な和音に人間の生命力を見出したのか。あるいは異なる調性の重なりに現代社会の混沌を表そうとしたのか。

そこからは推理ゲームのように、その作曲家特有の感覚とイメージから音楽に込めたメッセージを探り当てていくのである。

## オペラの音のつくり方に潜むメッセージ

たとえば、プッチーニのオペラ「蝶々夫人」。この作品を僕は、芸術監督を務める兵庫県立芸術文化センター（兵庫県西宮市、以後芸文センターと呼ぶ）で、二〇〇六年に上演した。

「蝶々夫人」は、長崎を舞台に没落士族の娘である蝶々夫人とアメリカ海軍士官ピンカートン中尉との悲恋を描いている。

普通のオペラの場合、舞台の最後に鳴る和音は明るい音にしても暗い音にしても「解決」する音が使われる。つまり、不協和音が協和音になるなど緊張が解ける音に移行するわけだ。しかし、「蝶々夫人」は「解決しない」音で終わる。それは何を意味しているのだろうか。

ピンカートンは蝶々さんをいわばお金と力で手に入れながら、本国に帰ってアメリカ人女性と結婚する。自分が愛され、子どもをもうけたことを誇りとする蝶々さんは、捨てられた悲しさゆえにではなく、自分の人生を清く終えるため、武士だった父が切腹に使った刀を使って自害する。

悲劇として幕を閉じるこのオペラをどんな音で始め、どんな音で終えるかをプッチーニは深く考えたに違いない。ラストの音は解決しないだけではなく、オペラ冒頭の音にまた戻っていく。まるでこの話が永遠に繰り返されるように。

この音のつくり方は、物語が、ある特定の時代、日本とアメリカの間だけで起こった悲劇ではなく、いつの時代、どの国でも繰り返されてきたし、これからも繰り返されていくことを暗示しているようにも思える。そこから支配する側とされる側の変わらない関係や、男女の恋愛に対する向き合い方の違いを読み取ることもできるだろう。

あるいは、モーツァルトのオペラ「コジ・ファン・トゥッテ」はどうだろう。同じく二〇一四年七月、芸文センターで上演した。モーツァルトのオペラの中で僕が最も好きな作品だ。

舞台は一八世紀末のナポリ。姉妹のフィアンセである二人の青年が、自分の恋人の貞節を試すために、別人に変装してお互いの相手を口説く。最初は拒絶していた姉妹は二人とも、熱烈な求愛に最後は陥落する。

ストーリーは他愛ないようでいて、現代にも通じる複雑で繊細な男女の心理を突いている。「コジ・ファン・トゥッテ」はイタリア語で「女はみんなこうしたもの」という意味で、女性を軽んじているようなタイトルだ。

ところが、モーツァルトの音楽が表現しているのは、その正反対なのである。

このオペラの中で美しく精妙なアリアや多重唱は、すべて女性の登場人物のために書かれている。逆に男性の登場人物に向けた曲は、まじめなせりふなのに音楽そのものが笑っていたり、いたずら心に溢れていたり、あるいはシラジラしく書かれている。

モーツァルトの音楽は美しいだけではなく、よろこび、かなしみ、驚き、嘆き、色気や嫉妬などがたっぷり表現されていて、むちゃくちゃ面白い。そこからは永遠の男女の結びつきを笑い飛ばすようなモーツァルトの恋愛観、男女観がうかがえるのだ。

## 光に憧れたヨーロッパの芸術家たち

譜面をより深く理解するためには、曲が生まれた時代背景を研究し、作曲家が過ごした場所に身を置いて、気候や風土を肌で感じることも試みる。

一年の半分以上を海外で過ごしてきた僕にとって、日本にいたときには知らなかった音、ヨーロッパで初めて知った音がたくさんある。音だけではない。ヨーロッパに行って、僕が得たいちばん大きな発見は光だった。

多くの作曲家を生んだヨーロッパに暮らして感じるのは、何ともいえない冬の暗さだ。一月から三月までは日照時間が短く、毎日、曇り空で日が差さない日が続く。パリですら年によっては、ひと月の三週間が雨のときもある。自然と、人は室内にいて自分に向き合う時間が多くなる。するとヨーロッパの画家たちが自画像を描いたわけがよくわかるし、ドイツで観念的な哲学が生まれた理由も理解できる。

どんよりした寒空の下で、春の日差しを待ちわびる生活をしてみると、たとえば「春」と名付けられたシューマンの「交響曲第一番」が、実は春につくられたのではないことが身をもってわかる。

「春の始まり」という標題が与えられた「第一番」の第一楽章は、冒頭の金管楽器が春を呼び覚ますように響き、あたり一面が緑色を帯びてきて、蝶が舞う様子が暗示される。主部のアレグロでは、すべてが春めいてくることを示しているようだ。

しかし、シューマンはこうした情景を目にして、この曲を書いたわけではない。メンデルスゾーンに宛てた手紙には、春めいた情景は作品完成後に浮かんだイメージだと記している。実際、この作品が書かれたのは一月から二月にかけての短い期間、まだ暗い空の下で春の光を待ちわびているころだった。

あるいは、ベートーヴェンの交響曲には、生まれ育ったドイツの気候、風土が塗り込められていることを強く感じる。春を描いたり春を感じさせたりする曲は、作曲家自身が精神的に長く厳しい冬にいるからこそ、待ち望んでいるものをそこに投影しているのかもしれない。

西洋の絵画を観ていると、光と影のコントラストが強いことに気がつく。

モネは日本の浮世絵を数多く持っていたが、浮世絵には西洋絵画のような影が描かれていない。一九世紀印象派の画家たちは、おそらくそれだけ日本が陽光の降り注ぐ、光溢れる国だと憧れたのだろう。そう、あのゴッホだって光を求めて南仏アルルに向かった。

ヨーロッパにたくさんある噴水。あれも日差しがなければキラキラとは光って見えない。つまり、北ヨーロッパでは噴水は「水の芸術」というよりも、実は「光の芸術」なのではないだろうか。

そんな感覚を研ぎ澄ましていくと、見慣れた譜面に並ぶ音符の一つひとつが、実は光を表現していることがわかるようになる。

「もっとキラキラとまぶしい音を出してほしい」「雲間から日の光が差すように」

オーケストラにそんな指示を出すことも少なくない。

光、温度、湿度、匂い、そしてそれらが生み出す静けさ……曲が生まれた土地の気候や風土は、すべて音に深くつながってくる。感覚を鋭敏にして作曲家と同じ場に身を置くことは、そのつながりを体感することになる。

## 「ウエスト・サイド・ストーリー」という革命

作品を理解するアプローチをもう少し知るために、僕の師であるレナード・バーンスタインの作品を見よう。

バーンスタインは指揮者、ピアニストだけではなく、作曲家としても交響曲、バレエ、ミュージカルなど多くの分野で名作を残した。

傑出した才能を世界に知らしめたのが、バーンスタインが音楽を手がけ、映画化もされて世界中で大ヒットしたミュージカル「ウエスト・サイド・ストーリー」(一九五七年初演)だ。ニューヨークの下町を舞台に、少年ギャング団の抗争に運命を翻弄される若いカップルを描いた現代版の「ロミオとジュリエット」。

彼が七〇歳の誕生日を迎えたとき、僕は幸運にも演奏旅行に同行させてもらう機会を得た。行く先々で「ウエスト・サイド・ストーリー」がさまざまに編曲されて演奏された。どこに行っても、「♪トゥナ〜イト、トゥナ〜イト」あるいは「♪マリア〜」。

「正直もう、うんざりだ。『ウエスト・サイド・ストーリー』のバーンスタインじゃなくて、レナード・バーンスタインが作った『ウエスト・サイド・ストーリー』なんだ」

バーンスタインはそう言って機嫌を損ねていた。

確かに「ウエスト・サイド・ストーリー」は、バーンスタインの数ある作品の中の一つでしかないが、これはやはり間違いなく彼の最高傑作だと思う。「ウエスト・サイド・ストーリー」には大ヒットする要素が用意周到に盛り込まれている。それはバーンスタインが作曲家であると同時に、指揮者やピアニストであったことが大きく影響している。彼はこのミュージカルに一九三〇年代のビッグバンド的な音やラテンのリズムとともに、クラシック音楽の要素をふんだんに取り入れたのだ。

たとえば、ベートーヴェンの「ピアノ協奏曲第五番〈皇帝〉」の第二楽章冒頭には、階名で書くと「♪ソーファーミードソー」で始まる美しいフレーズがある。この最後の一音を変えて「♪ソーファーミードラー」とすると、「ウエスト・サイド・ストーリー」の「きっとどこかに」(Somewhere)の冒頭のメロディーとなる。ベートーヴェンのメロディーのわずか一音をソからラへ全音上げるだけで、誰が聴いても「ウエスト・サイド」の世界に一変させてしまう。

あるいは、モーツァルトの時代から、オペラの楽しさは複数の登場人物が喜怒哀楽それぞれ異なる感情を別々に歌いながら、同時に美しい音の世界を織りなしているところにある。そうしたオペラの重唱の手法を「ウエスト・サイド・ストーリー」ではミュージカルの世界で成立させた。

舞台や映画でご覧になった方は思い浮かべることができるだろう。第一幕終盤、シャーク団、ジェット団、トニー、マリア、アニタが、それぞれまったく異なる曲調、異なる内容の歌詞を同時に歌う五重唱。

「トゥナイト」(今夜)という言葉だけを共通の要素として、それぞれ違う感情、方向性を持って進む時間が一つの舞台、映像の中に重なっていき、クライマックスに向かっていく。

音楽的には複雑で高度な曲となっている。譜面の読めないジャズプレーヤーにはかなり難物だろうし、かといってグルーブ感のないクラシック音楽家も太刀打ちできない。俳優、ダンサー、音楽家それぞれにとって「ウエスト・サイド・ストーリー」は一つの革命だったといえる。

## 「キャンディード」のドミソに込めた世界観

この傑作ミュージカルの隣に、バーンスタインのオペラ「キャンディード」を置いたとき、その作品世界の性格がいっそう際立ってくる。

一九五六年初演の「キャンディード」は、主人公の青年キャンディードが放浪の旅をしながら、本当の幸せを探していく物語だ。原作は一八世紀のフランスの思想家ヴォルテールの風刺小説。複雑なストーリー展開もあって、初演はまったく観客に受け入れられなかった。

バーンスタインは、この作品を「靴の中の小石」と形容して、晩年までずっと気にかけていた。初演から三三年を経た一九八九年、彼は大幅に改訂したこの作品をロンドン交響楽団の演奏で録音した。

当時、アシスタントとして立ち会った僕にとって、この曲はすでに体調のすぐれなかったバーンスタインが病の身を押して録音すべき作品とは、どうしても思えなかった。

翌年、バーンスタインは他界する。「キャンディード」は僕にとっても、「靴の中の小石」となった。

それから二〇年後の二〇一〇年八月、僕は芸文センターでこの作品をプロデュースして、バーンスタインが残した「宿題」に挑むことになった。

何度も譜面を読み込んだ。そして、僕はそのエンディングからバーンスタインの遺言を受け取ったように感じた。

それは、「キャンディード」とほぼ同時期に手がけていたミュージカル「ウエスト・サイド・ストーリー」のエンディングとの対比によって明らかになる。

「ウエスト・サイド・ストーリー」のラストは、さきほどの「きっとどこかに」(Somewhere)のメロディーが奏でられる。「きっとどこかに自分たちが、平和で安らかに暮らせる場所がある」と歌った曲。しかし、その最後の最後、ズーンと実に不気味な和音が鳴り響いて幕となる。

ニューヨークを舞台に人種間の対立を描いた物語は、絶対混じり合うことのない不協和音で締めくくられた。つまり「ウエスト・サイド・ストーリー」は、「人類の対立は永遠に続く」というメッセージとも受け取られる暗鬱な終わり方をする。

それに対して「キャンディード」の終わりはどうだろう。自分の生き方に目覚めたキャンディードが、全員とともに歌って大団円を迎える。

エンディング曲「Make Our Garden Grow」は「私たちは純粋でもないし、賢くも良い人でもない。できることを一生懸命やるだけだ。家を建てて、薪を割って、庭を耕すことだ」と歌う。

その最後の和音は、なんとドミソだった。僕らが音楽の授業で最初に習う、いちばん真っ白でシンプルな和音。それは「ウエスト・サイド・ストーリー」の幕切れと鮮やかな対照をなす。

僕はこれこそがバーンスタインのメッセージだと思った。

地球上、至るところで戦争が起こり、人々の対立がやまない混沌とした世界にあって、それでもバーンスタインは人間を心から愛するヒューマニストであり続けた。世界の本質は明るく華やかな和音でも、かなしく沈んだ和音でもない。それは単にドミソなのだと言い切った。

キャンディード青年が旅の最後に辿り着いた答えは「Make Our Garden Grow」。本当の幸せは「私たちの庭を耕すこと」にある。僕らの世界、僕らの人生はドミソ以上に神々《こうごう》しくもなければ、汚れてもいない。このシンプルな和音が私たち人間の音なのだと、バーンスタインは言いたかったのだと思う。

この作品を舞台で取り上げることは長らく僕の夢だった。時間はかかったが、恩師が残していった宿題を僕なりに解いて、「靴の中の小石」を取り除くことができたように思った。

## 子どものころから読譜に夢中だった

実はこうした楽譜の読み解きを、僕は小学生の高学年のころからやっていた。その経験が今、指揮者になって、ずいぶん役に立っている。

子どものころからピアノを習い、オーケストラや指揮者に興味を持っていた僕が、最初にオーケストラ譜と出会ったのは、イ・ムジチ合奏団のLPレコードの付録に入っていたヴィヴァルディの「四季」だった。ヴァイオリン、ヴィオラ、通奏低音からなる五段の譜面。

それから、小遣いをもらうたびに、たとえばベートーヴェンの「運命」のポケットスコアを買っては飽きずに眺めていた。ピアノ向けの二段の譜面とは違って、指揮者向けのスコアだから何十段もある。「指揮者とオーケストラは、こんなすごいことをやっているんだ」と見入っていた。

譜面の読み方は誰に教わるわけでもなく、自分勝手にやっていた。

まず、フルートの一番の旋律を追いかける。次はフルートの二番を追いかける。もう少し高度になってくると、ホルンを入れて、まとめて見る。メロディーを奏でるヴァイオリンだけを追うのではなく、ヴァイオリンを聴きながら、そこにヴィオラがどういう比率で交じっているか、コントラバスがどんなベースラインを口ずさんでいるかに目を凝らした。

お気に入りのオーケストラのメンバーの名前まで覚えるくらいのめりこむと、譜面を読むのがやたらに面白くなっていった。今と違って時間はあり余るほどある。毎日、譜面を見てはレコードを聴いたりピアノを叩いたりした。

そうして、たとえば三〇段あるスコアを自分なりの方法で四グループぐらいに整理して聴く方法を、小学生から中学生の間に身につけていった。

そのころに比べれば、今はもちろん譜面を分析する能力も整理する能力も高くなっている。けれども譜面の読み方の基本は何も変わっていない。むしろ、子どものとき、夢中になって譜面を見つめていたあの感覚を失いたくないとさえ思う。

そんなふうに振り返ってみると、指揮者に憧れた最初の思い自体は、ありふれていたものだったかもしれない。

でも僕は幼いころからピアノを習って譜面を読み込み、小学五年から五年間、少年合唱団のメンバーになり、中学校時代は吹奏楽部に入って合奏を体験した。それから自分のクラスの合唱を指揮し、吹奏楽を指揮し、学園祭で指揮をするようになった。

そういう経験を重ねる中で、自分自身で「音をつくる」ことの面白さに目覚めていき、人と一緒に音楽をつくるときには指揮者が必要であることを体で学んでいった。

バラバラだった経験のすべてが、指揮者になるために最善の環境を用意してくれていた。

## 巨匠だけが浴びる特別な光

もう少し、僕自身の指揮者に至るまでの歩みを書こう。

京都市立芸術大学の音楽部でフルートを学んでいたとき、すでに卒業後、何をして食べていくのかを現実的に考えていた。音づくりの面白さに目覚めた僕は指揮者を選んだ。ママさんコーラスや吹奏楽でも、それでお金をもらって食べていければ、自分自身を指揮者と呼ぶ権利は十分あると思っていた。

次の大きな変化は、二六歳のときに、広大な田園や山々が拡がる米国マサチューセッツ州西部で毎年夏に開催されるタングルウッド音楽祭で、小澤征爾とバーンスタインという二人の憧れの指揮者に出会ったことだった。

それまで自分の中では京都市交響楽団の定期演奏会が圧倒的な存在だったのだ

が、レコードやコンサートでしか知らないウィーン・フィルハーモニー管弦楽団やベルリン・フィルハーモニー管弦楽団を振っている指揮者にじかに接することができたのだ。

彼らが持つ輝きと芸術的な高みに触れ、同じ指揮台に上がっていても、あの人たちだけしか浴びていない音の響き、空気の振動、あるいは当てられた光があるように思えた。たとえばオリンピックで一〇〇メートルを九秒台で走る人だけが感じることのできる風があるように。

その特別な光や空気をどうしたら感じることができるのか。もしかしたら自分も努力すれば、その高みに到達できるかもしれない。そう思ったとき、自分の中で指揮者に対する思いがさらに大きく膨らんだ。

二〇代は、バーンスタインの音、小澤征爾の音、カラヤンの音を勉強した時代だった。しかし、指揮者に求められるのは誰かの物まねではない。ただ音が鳴っているだけではなく、その音がどれだけ自分の音になっているか、どれだけ自分の体の一部になっているかが問われる。そのためには、譜面を深く読み込む知識と感性と経験が必要だ。

経験を積むにしたがって、かつては単純に短調から長調への変化と捉えていた作品の展開が、たとえば作曲家は短調で死の恐怖を覚え、長調に転じたときに新しい光を見つけたのではないかといった新たなメッセージを発見するようになる。

それは作品に、より深い味わいをもたらすとともに、自分の中で新たな感性を開花させるきっかけになっていった。

## 夢で気づかされたこと

音楽の理解に関わる一つの体験を紹介したい。

一九九〇年か九一年のことだから、ヨーロッパでの駆け出し時代の演奏会でのことだった。僕はそこでベートーヴェンの「ピアノ協奏曲第四番」を指揮することになっていた。

この曲は大きく明確な音のストーリーがある。ピアノ独奏で始まる優雅で叙情的な第一楽章。第二楽章は弦楽器とピアノが交互に主題を演奏し、対話するように進む。第三楽章のテーマはよろこびや恋愛感情に置き換えられる明るさがある。

練習を進める中で、僕は第二楽章に何とも言えない引っかかりを感じていた。強いテンションと厳しさで主張する弦楽器のユニゾンに対して、ピアノは静かに哀しげな和音を鳴らす。楽曲の成り立ちはシンプルだ。楽譜に書かれていることは完全に把握できたし、二分の二拍子を淡々と刻む指揮自体も何も難しいところはない。

しかし、僕には何かが腑《ふ》に落ちなかった。音楽は何かをはっきりと伝えようとしているのだが、その何かとても大切なことを受け止めきれていない感覚がどうしてもぬぐえなかった。それを残したままリハーサルを終えて、本番当日を迎えた。

午前中のゲネプロを終えて、午後からの本番を前にひと眠りした。そのとき、僕はある鮮烈な夢を見た。その夢は僕が少年時代に体験した親友の死に関わるものだった。

まず、現実にあったことを記す。

それは僕が高校進学直前の中学三年生のときだった。僕にはタナカ・ジュンペイという小学生時代からの仲良しがいた。ジュンペイは少し吃音のあるいいヤツだった。

昼休み、教室で同級生とふざけ合っていた僕のところに、別のクラスだったジュンペイが誘いに来て、「遊びに行こう」とガラス戸をトントンと叩いた。僕は「おれ、ええわ」といった感じで誘いを軽く断った。その昼休みのことだ。ジュンペイは砂場の縁に頭を強くぶつけて、結局、亡くなってしまった。

葬式に出た中学生の僕は、息子を見送る両親の姿を目にした。僕は昼休みにジュンペイからの誘いを断ったことを誰にも言わなかった。もしもあのとき誘いを断らずに一緒に遊んでいたら、ジュンペイは死なずにすんだかもしれない。両親を悲しませることもなかったかもしれない。

それからずいぶん時を経て、はるかヨーロッパの地で公演の本番直前に見た夢に、なぜかそのジュンペイが出てきたのだ。

夢の中で僕は高校の音楽教室にいた。放課後、ジュンペイとふざけ合っていた僕が彼を軽く突き飛ばすと、ジュンペイは弾みで頭を机の角にぶつけてしまった。「おい、ジュンペイ、大丈夫か」と聞くと、彼は「大丈夫や。でも今日はなんかしんどいから帰るわ」と言って帰宅した。

翌日の朝、担任の先生が泣きながら「悲しいお知らせがあります。タナカ君が昨日の夜、突然亡くなりました。原因はわかりません」と報告した。僕はとっさに自分のせいで死んだんじゃないかと思った。でも先生は「原因はわからない」と言っている。僕のせいではないかもしれない。結局、僕は黙っていた。

クラスのみんなで葬式に行った。そこはなぜか僕が何度も演奏会を聴きに行った京都会館だった。僕がロビーから会場に入るのを嫌がると、同級生たちが「おまえ、親友やないか。ちゃんと手を合わせてやれ」と無理やり僕の手を引いて会場内に引っ張っていった。

祭壇に遺影が掲げられていた。それを見たら、それは僕が思っていたタナカ・ジュンペイとは別のタナカ君だった。僕は「ああ、良かった」と心から胸をなでおろした。そこで夢から覚めた。

変な夢を見たなと思いながら、演奏会の本番を迎えた。「ピアノ協奏曲第四番」の第一楽章を終えて、問題の第二楽章が始まった。ホ短調。冒頭、弦楽器が力強いフレーズをユニゾンで奏でた。

そのとき、突然、僕は雷に打たれたように了解した。

「神様がそこにいる」。僕の嘘も本当もすべて見通している圧倒的な力を持つ神がそこにいる。そう感じた。

続いてピアニストがかなしげな和音を静かに鳴らした。そこにいるのは弱くかなしい自分だった。神様を前にうなだれて「ジュンペイのことを黙っていてごめんなさい」「嘘をついていてごめんなさい」と謝っていた。

すると、指揮をしながら突然、涙がボロボロと流れだして止まらなくなった。絶対に過《あや》まちを犯さない強く正しい神がいて、その前に間違いを犯してしまう弱い人間がいる。

そのとき、僕はこの作品の楽譜のすべてを理解することができたような気がした。

僕の突然の涙の理由を、オーケストラの演奏者たちはもちろん知らない。しかし、そのとき僕の全身から発せられた特別な気は確かに伝わったはずだった。そしてそれは、演奏を通して客席にも伝わっていったと思う。

楽譜を読む、作品を理解する、音楽を自分のものとする、という行為はそんなふうに、自分の無意識をも含む全人的な体験をもとになされる。

後年、心理学者の河合隼雄先生、元ラグビー日本代表の平尾誠二さんと鼎談《ていだん》したとき、「僕はこんな夢を見たことがあるんです」と、この夢をめぐる自身の経験を紹介した。自分にとって不思議な体験でもあり、特別な思い出でもあったこのエピソードの意味を、夢の専門家である河合先生に教えてほしかったのだ。

二〇〇人ほどの観客を前に河合先生は、

「夢の話は僕が何か言わなければいけないんですが、何も言えないです……」

と話された後、突然、両手で顔を覆って、その場でわっと泣かれた。

僕は驚いた。会場も静かになった。夢と音楽。神と人間。河合先生は何を感じとられたのだろうか。

親しくさせていただいた河合先生との思い出の中でも、特に忘れられない出来事である。

## 指揮棒五センチの動きだけで音を出す

譜面を勉強して作曲の意図を読み取るには膨大な時間がかかる。

自分が譜面から汲み取った曲のイメージを、今度はどうオーケストラのメンバーや合唱団員に伝えるか。ここでも指揮者の力量が問われる。

作曲家がどんな思いを込めて譜面という記号にしたか。「私はあなたが好き」という記号を読み取ることができても、「あなた」が一〇代か二〇代かで表現は変わる。演奏者が百人いれば、感じ方は百通りある。「こう感じなさい」と押し付けても生き生きとした音は生まれてこない。

優れた音楽は、まず優れた音楽家たちによる演奏として立ち現れる。演奏者たちを納得させる変化を起こせるかどうか。指揮者が指示したことを、演奏者たちに自らの意志でどうやりたいと思わせるか。

must（しなければならない）からwant（したい）にどう変えるか。それには、瞬間瞬間に状況を判断し、さまざまな切り口から臨機応変に対応する姿勢が求められる。

僕がまだバーンスタインのもとで学んでいたころのことだ。ドイツのシュレスヴィヒ＝ホルシュタイン音楽祭で、学生オーケストラを相手にリヒャルト・シュトラウスの交響詩「ドン・ファン」を指揮する僕にバーンスタインがレッスンをつけてくれた。

「ドン・ファン」の冒頭は、一六分休符の後、弦楽器がフォルテシモで、アレグロ・モルト・コン・ブリオ、「非常に速く快活に」ダダダーンと爆発する。指揮棒を振り下ろした点で鳴らすのではなく、振り下ろした点で休符を打って鳴らすため、その最初の音を合わせるのがとても難しかった。

僕はまだ二〇代で、「ドン・ファン」は初めて指揮する曲だった。力をグッと込めて振り下ろしても、出だしの音がうまくそろわない。ダダダーンがモソモソッと始まる。

僕の指揮ぶりとオケの反応を眺めていたバーンスタインは、見るに見かねたのか、自分の師匠のフリッツ・ライナー（一八八八〜一九六三年）について話し始めた。

名指揮者として知られたライナーは、長い指揮棒を「チョッキのポケット幅」とまで呼ばれるほど、わずかだが精密に動かして指揮をすることで知られた。いつもしかめっ面をして、指揮台では右手の指揮棒でリズムをとるだけで、左腕はダラリと下ろしたまま鋭い眼光で演奏者をにらみつけて、オーケストラに指示を出した。

「みんなでそれをやってみよう」と言って、バーンスタインはライナーと同じようにしかめっ面をして指揮台に立った。指揮棒をわずか五センチほど下に動かして、

「ドン・ファン」の出だしの指示を出す。オーケストラは出られない。

「どうして出ないんだ。フリッツ・ライナーがここにいたら、怒鳴り散らされているぞ。もう一回やってみよう！」

今度はダダダーンと出た。

「そんな音じゃダメだ。さあ、もう一回！」

五センチの動きだけで何回もやる。楽団員たちもだんだん面白くなってきたようで、五センチ動いただけで、ダダダーンがピッタリ揃うようになった。バーンスタインは満足げな笑みを浮かべて言った。

「君たちはすごいオーケストラだ。五センチでこれだけの音が出るのなら、ユタカみたいに大きくはっきり振って、うまく出られないはずがないじゃないか。ユタカ、振ってみろ！」

僕が前と同じように思いきり指揮棒を振り下ろしたら、ダダダーン！　と爆発的に音が鳴った。

練習が終わると、バーンスタインは、みんなの前で大げさに言った。

「ユタカはすごい！　この曲のすべてを知っている！」

それから僕の耳元でささやいた。「練習番号のKとMの間は今晩、頑張って勉強しろよ」。そこは勉強が最も不足していたところだった。

指揮者、作曲家、ピアニストとさまざまな顔を持つバーンスタインだが、教育者としては目の前に現れた若い指揮者の長所と短所を一瞬にして見抜くという突出した能力を持っていた。

当時、言葉の壁やオーケストラとのコミュニケーションの取り方で、閉ざしていた僕の心をバーンスタインは一気に開いてくれた。そして、彼は演奏家の気持ちをmustからwantに変えたのだ。

## 指揮者は料理長のようなもの

譜面を読み込み、どれだけ準備をしても、リハーサルではなかなかイメージ通りにはいかないものだ。楽器間の音のバランスやスピードのイメージが現場のオーケストラに接すると、ガラッと変わることはよくある。思い描いたテンポとは全然違うソリストが来ることもある。

あるいは、自分の想定した通りにオーケストラが音を鳴らせば、それがすなわちいい演奏になるとも限らない。オーケストラの個性もあるから振ってみなければわからないのだ。そこにまた、指揮の面白さもある。

フランス語で指揮者のことを「シェフ」と呼ぶ。だからというわけでもなく、僕は指揮者と音楽の関係をよく料理にたとえるのだが、頭の中で牛肉と玉ネギ、ジャガイモ、ニンジンがあってカレーライスを作ろうと思っていても、現場に行くと牛肉がないということはあり得る。あるいは僕がカツカレーを作りたいと思っていても、オーケストラの発する音がカツ丼向きということもある。

そのとき、料理長たる僕は、すぐにメニューや味付けを変更することになる。たとえば「ここで音に膨らみをつけてみよう」と提案して、そこで音楽そのものに何か変化が生まれると、その後の指示がとてもやりやすくなる。逆に「音は膨らみましたけど、それがどうしたのですか？」となったときが、いちばんまずい。

## 秘訣は早く楽団の主《ぬし》を見つけ出すこと

楽譜を見てもイメージが浮かんでこないときはあるが、逆にイメージがガチガチに固まっているのもオーケストラにとっては窮屈だろう。楽譜の何もかもが明確になって指揮台に立てれば理想的なのだが、実際は初めて指揮する曲の場合、そうもいかないのが現実だ。

一流の演奏家は楽曲に対して、それぞれのイメージを持っている。どんな指揮者も、そこで自分の音楽を打ち出すことに対する不安は持っているはずだ。不安をおくびにも出さずにいる指揮者はいても、不安がまったくない指揮者はいないと思う。

以前、大阪フィルハーモニー交響楽団の朝比奈隆先生（一九〇八〜二〇〇一年）と対談させていただいたとき、先生がおっしゃっていた。

初めてのオーケストラに行ったときは、その楽団の主のような奏者が必ず三、四人いる。そういう奏者を早く見つけ出すことが、上手に練習を進める秘訣だ、と。

主を敵に回すか味方に付けるかで大違いだというわけだ。

思い当たる節はいくつもある。

まだ若かったころ、スイス・チューリッヒのトーンハレ管弦楽団を振った。演目は米国の作曲家サミュエル・バーバーの、オルガンが入った難しい曲だった。ヴィオラの首席奏者を務めるおじさんが、リハーサルで若手指揮者の僕を試そうとした。まさに朝比奈先生の言う、その楽団の主のような存在だった。彼は僕に、

「マエストロ、そのテンポでは弾けない」

と言う。僕は、

「でも、これは譜面に指定してあるテンポです。僕はこの曲を初めて指揮するのだから、このテンポで振りたい」

と返した。すると、主のおじさんは、ヴィオラを僕に差し出して、

「じゃあマエストロ、弾いてみろ」

と迫った。その場がシーンとして凍りついた。駆け出しの指揮者にとっては崖っぷちに追い込まれた状況だ。

僕はとっさに言った。

「ヴィオラが弾けたら、指揮者になっていない」

瞬間、みんながワッと笑った。

その後、リハーサルはうまく進んだ。これは臨機応変のやりとりがうまくいったケース。もちろん、いつもうまくいくとは限らない。リハーサルは生ものなのだから。

リハーサルが煮詰まったときに、音楽とまったく関係ない話を振ることもある。

「今日の練習場、ちょっと寒くない？」

すると、それまでむっとしていたヴァイオリンのおじちゃんが「そうそう、寒いよね」。そう答えて、それだけで距離感がグンと縮まったりする。そんな現場を僕はたくさん経験してきた。

リハーサルがうまくいけば安心して本番を迎えられるが、同時に最悪の状況も描いておかなければならない。一九九六年にベルリン・コンツェルトハウス管弦楽団を振ったとき、楽団との間に壁ができたまま本番を迎えたことがあった。今も思い出したくない演奏会だ。

最後まで崩れない壁のため、僕は楽団員に指示を出せないまま、その場の空気に呑まれてしまっていた。楽団員側も心を開いていなかった。

つまりは僕の現場対応の能力が欠けていた。言葉の問題もある。こんなとき、ジョークの一つでも言えたらパッと場の空気を変えられるのに、と思ったことが何度あったことだろう。

そのころは口数も少なく、楽団員に目指すべき音楽をつくり出そうとする意欲を与えることができなかった。それは僕がドイツというクラシック音楽の伝統の前に恐れをなしていたからでもあった。

## 自分のものにするまでには相当な時間がかかる

フランスでもそんな印象的なエピソードが各オーケストラにある。パリ管弦楽団とヨーロッパツアーをやったことがあった。公演先のハンガリーで演奏する曲を練習している最中に、コントラバスの楽団員が僕に言った。

「こんなつまらないアレンジは演奏しないほうがいいと思う。マエストロはどう思う？」

確かにそのアレンジは良いとは思えなかった。かといって僕にはどうすることもできない。

「そう言われても、僕はオーケストラからこれをやれと言われてやっている。僕が選んだわけじゃない」

オーケストラも指揮者も作品にひとかけらの面白味も魅力も見いだせない場合、それがいい演奏になるはずがない。そしてもちろん、パリ管弦楽団の演奏会に期待する聴衆を満足させられるはずもない。事務局のスタッフを交えて話し合った結果、その作品は結局、演奏しないことになった。

七転八倒して楽譜と格闘するときもあれば、作曲家に対して不満を抱くときもある。しかし、どんな事情があろうが聴衆の期待は裏切れない。それは指揮者のプレッシャーともなり、醍醐味でもあるのだから。

## 「ボレロ」を最後のほうから逆に演奏した「ロレボ」

失敗談を挙げればきりがない。しかしもちろん、そのぶん素敵なエピソードもたくさんある。

僕が一九九三年から二〇一〇年まで一七年間にわたって首席指揮者を務めたパリのコンセール・ラムルー管弦楽団で、チャイコフスキーの「交響曲第五番」のリハーサルをしていたときのことだ。

軽快なワルツを採用した第三楽章の最後のあたりで、クラリネットとファゴットがテーマに合の手を入れるかのようなパッセージがある。

そこのところを僕は「チョコレートがバラバラバラと降ってくるみたいに鳴らしてほしい」と表現した。

翌日、リハーサルに行くと、僕の譜面台の上には、チョコレートがいっぱい置いてあった。バレンタインデーでもないのに。バラバラと降ってきたみたいに。ラムルー管の仲間たちの茶目っ気といたずら心だ。メルシー！

ラムルー管の創立一二〇周年に当たる二〇〇一年、記念演奏会の締めはラヴェルの「ボレロ」だった。「ボレロ」は、ラヴェル自身が一九三〇年にラムルー管を指揮して録音を行った、彼らにとっては特別な曲だ。

一定のリズムを刻むスネアドラムから始まってフルートが入る。次々に楽器が重なってクレッシェンドしていき、楽器編成も音量も最高潮に達したとき、一挙に終結する。クラシックファンでなくても、一般によく知られている有名な曲だ。

「だったら、アンコール曲はこのボレロを最後のほうから逆に演奏してみたらどうだろう」と僕は提案してみた。すると、メンバーたちは「面白いじゃないか！」と飛びついた。「ボレロ」の逆バージョンだから題して「ロレボ」だ。なんと柔軟で遊び心がいっぱいの仲間たちだろう。

ということで、アンコールの「ロレボ」は、ラストの大団円である百何十人の大編成、大音量から始まった。盛り上げ役のドラや大太鼓は八小節演奏したら、お客さんに手を振って、ステージを去っていく。それぞれソロを終えた奏者が演奏中にもかかわらず、一人二人と舞台裏に帰っていくと、思わず客席から拍手が起きて、それに対して「シーッ」という声が起きた。

だんだん楽器の種類が減り、デクレッシェンドし、舞台上の団員の数も減っていく。フルートが去り、とうとうスネアドラムと指揮者の僕だけになった。最後は僕が胸からリコーダーを取り出して、短いフレーズを吹いて、照明オフ――。

次に照明がついたとき、ステージ上にはオーケストラのメンバーに加えて、楽譜係や会計係までスタッフ全員が繰り出して、みんなが抱き合い、キスしてよろこび合った。

その光景こそが、本当のクライマックスだった。メンバーやスタッフたちが自分たちのオーケストラをどれだけ愛しているかという姿を見せて、客席からは大歓声と熱い喝采が送られた。

ラムルー管は二〇一三年五月に初めて来日した。東京国際フォーラムで開催された「ラ・フォル・ジュルネ・オ・ジャポン『熱狂の日』」音楽祭に参加するためだった。ドビュッシー、ラヴェル、ルーセルなどフランスの作曲家がテーマのプログラムを組んでいた。

僕が首席指揮者をしていたときには来日公演がかなわなかっただけに、親しい友人を自分の故郷に迎えたような、ワクワクするよろこびを味わっていた。首席指揮者を辞めてから、ちょうど三年が経っていた。

演奏会のアンコール。僕が突然、指揮台に現れてぶっつけ本番で「ボレロ」を指揮した。このときは「ロレボ」ではなく、正真正銘の「ボレロ」。

これは団員たちにも完全に秘密のサプライズだった。一七年間の思い出が次々によみがえってきた。僕たちは泣きながら演奏していた。

## 指揮者は作曲家の召使い

指揮台という一段高いところに立つ指揮者には、オーケストラという共同体のリーダーであるという自覚が必要になる。その意味で、どこかで演じなければいけない部分があるのも事実だ。

みんなが動揺しても、自分だけは動揺を見せてはいけないと考えたときもあれば、自分自身をもっとさらけ出そうとしたこともあった。

指揮者とオーケストラとのコミュニケーションは必ずしもうまくいくとは限らない。というよりも、むしろうまくいかない場面が必ず起こると思ったほうがいい。だから常に楽団員たちとの距離感とバランス感覚が問われることになる。

全体を俯瞰する能力も必要だ。すぐに熱くなる僕でさえ、どんなに熱くなったときも、常に二割は冷めている自分がいる。

技術的に一定のレベルに達していないメンバーには「ここができていない」とは

っきりと申し渡した時代もある。求めてもできないことは求めない。しかし、できるのにできていないことがある。一つの課題を今やらずに残してしまうよりも、苦労してでもクリアして、その次に進むことが必要だと思えば、僕はそこにこだわる。

僕はかつて「必要な音が得られるならば、指揮台の上で素っ裸になってもいい」と書いたことがあるが、その気持ちは今も変わらない。

演奏家が肩をもむことで緊張がほぐれ、すばらしい演奏をするのなら肩をもんでやろう。逆に緊張させたほうが良い演奏をするプレーヤーには、指揮台の上からにらみつけて突き刺すように振る。そういうメンバー各々のタイプを見抜くのも指揮者の才能であり役目である。

我々音楽家の目的と幸せは、いい音楽をつくることだ。自分の思いを伝えるために音楽をするわけではない。楽譜がそう語っているならば、楽譜がそれを求めているのならば、僕はオーケストラに何でも言えるし、何度でも同じことを要求する覚悟はある。

楽譜がまずある。それが指揮者と演奏者を近づける。だから楽譜は指揮者とオーケストラの共通言語なのだ。

僕の尊敬する指揮者、イタリアの巨匠カルロ・マリア・ジュリーニ（一九一四〜二〇〇五年）は、こんな言葉を残している。

「私はスコアとともに生き、スコアは私の一部になる。その瞬間、私は作曲家の召使いとなる。作曲家は天才で、私は何者でもない」

# 第二章 指揮者の時間

# その音がほしければ、指揮台の上で何をしてもいい

指揮者が指揮棒を振る。僕は子どものころから、その姿を見るのが好きで仕方がなかった。それは今も変わらない。今なら動画配信サイトで宝物のような名指揮者の演奏をいつでもどこでも見ることができる。やっぱり見飽きることがない。

子どものころは、小澤征爾やカラヤンに憧れた。バーンスタインは、まずミュージカル「ウエスト・サイド・ストーリー」をつくった作曲家として、次にニューヨーク・フィルの音楽監督、それからカラヤンのライバルとして知った。あんなにカッコいい音楽をつくった人が、クラシックの指揮者だということにまず驚いた。

僕が初めてバーンスタインの指揮を見たのは、二四歳のとき、大阪での公演だった。曲は「ウエスト・サイド・ストーリー」から「シンフォニック・ダンス」。それがあまりにも強烈だった。

腕がどう動いているかなんてどうでもよくて、足の爪先から腰で拍子とリズムをとっている。舞台上で飛び上がったりして、ロックのコンサートに来ているのかと

さえ思った。そこにあったのは、その音がほしければ指揮台の上で何をしてもいい、という自由奔放な姿だった。

一九八七年の夏、僕はアメリカのタングルウッド音楽祭に参加した。その年は世界からオーディションで選出された三人だけがバーンスタインによる指導を受けられることになっていて、そのうちの一人に選ばれた。

公開マスタークラスで僕が指揮の指導を受けたときのことだ。聴講生は百人くらいで、バーンスタインは僕のすぐ横にいた。

課題曲はチャイコフスキーの「交響曲第四番」第二楽章。これは二拍子の曲だ。二拍子というと、僕たちはみんな指揮棒を上から下に落として跳ね上がるV字型を描くことをまず習う。そんなふうに1・2・1・2と拍子を合わせようとすると、バーンスタインからストップがかかった。

バーンスタインは、ビートは三通りある、と言った。

まず上から下に落ちるダウンビート、次に下から上に上げるアップビート、三番目にビートを持たずに横に流れるノービート。

V字型で振っているのは、両方から降りてくる意味のない動きだという。確かにこれで管楽器も弦楽器もどこで音を出したら出たらいいかはわかる。だが、もっと大事なことは、1であろうが、2であろうが、上から落ちてくるビートか、上に上がっていくビートか、ということだ。

ビートは決して上から下に落ちてくるものだけではない。しかも1・2・1・2という、生真面目に刻むものでもない。バーンスタインは、教科書通りの振り方を完全に崩して、「二拍子はV字型に振る」という常識から僕たちを解き放とうとした。

## 独学で身につけた指揮法

タングルウッド音楽祭の審査には、応募書類がわりに、僕が二五歳のとき、大阪大学のオーケストラを相手にドヴォルザークの「交響曲第八番」を指揮している姿を録画したビデオを送っていた。書類に書く経歴などは何もなく、ビデオ以外に送るものがなかったのだ。

最近になって、小澤征爾先生から聞いて知ったことだが、そのビデオを見た音楽祭のスタッフが、ビデオモニターごとボストンの空港に持っていき、空港に着いた小澤先生に「セイジ、知っているか、この日本人？」とビデオを見せたそうだ。ダメもとで送ったそのビデオがきっかけになって、指導教官の推薦文もコンクール入賞実績もない僕が音楽祭に招待されることになったのだ。

今はもう恥ずかしくて見ることはできないが、当時はただもう夢中になって振っていた。打点とか等加速度運動とか、そんなことは何も考えていなかった。ただ、ひたすらドヴォルザークの八番のために、自分の全エネルギーを注ぎ込んでいた。それが今、自分でもまぶしい。

意外に思うかもしれないが、そのときの指揮と、四半世紀以上を経た今の僕の指揮、両方を比べると、減ったものはあっても、増えているものは何もない。確かに無駄な動きは減った。作品をどこまで理解しているかという差もある。しかし、技術的な向上という意味で増えたものは何もない。

このことは指揮というものの本質を表していると思う。

僕は指揮をまったくの独学で身につけた。見よう見まねで、いってみれば本能に任せて腕を動かしていた。

それでも指揮法を習おうとしたことはあったのだ。しかし、目の前に演奏者のいないところ、音楽の流れていないところで、ただ腕を動かしたりしていることが実にむなしく思えて、すぐにやめた。だから実際のところ、僕はどんなふうに腕を動かすかなど、今まで考えたことがない。

自分が音楽大学の指揮科で学んでいないから言うわけではないが、音楽大学の授業で腕の動かし方を練習していたとしたら、それはまったく無駄な時間だと僕は思う。それならば、その時間を、楽器を弾くことに費やしたほうがいい。合唱団で歌う時間に当てたほうがいい。

## 音に酔ってしまうといい音はつくれない

日本の指揮法は、言ってみれば、日本舞踊的だ。要するに、あらかじめ型が決まっていて、まず型から入ることが重要視される。型が教科書としてあるため、教えやすく学びやすい。そこには秒単位でも時計の針が狂わないような、日本人特有の律儀さがある。

だからだろう、フレーズの出だしのタイミングやテンポの指示を明確に表現できる指揮者が日本からは数多く出てきた。指揮者コンクールでも、その部分がいかに正確かで評価されている側面がある。

そういう指揮へのアプローチはあるのかもしれないが、それは指揮の本質とはまったく関係がない。

確かに指示が明確であれば、オーケストラは同時に音を発して、同時に終わることができるだろう。あるいは同じテンポで演奏できるだろう。大事なことではあるが、それは指揮の入り口であって、音楽のよろこびや豊かさはまったく違うところにあり、もっとずっと先にある。あえて言うならば、明確な指示ができない指揮者で、すばらしい指揮者は山ほどいる。

経験を重ねていくと、指揮にとって手の動きそのものは実は大した意味を持っていないことがわかる。

指揮者はオーケストラが鳴らす音を聴きながら、常に三つのことを同時に判断していなければならない。

まず、これから何を鳴らすかという指示。それは振り上げた腕が降りてくる瞬間、次はどこに行くかという方向性を与える。

そうした動きをしながら、耳は今その瞬間に鳴っている音に対して反応しなければならない。

そして三つ目、実際にどういう音が鳴ったという過去を知らなければ、次につくる音楽が組み立てられない。

未来と現在と過去、この三つを瞬時に判断するのは当然、目ではなく、耳だ。この三つが入り組んで、音に酔ってしまうと、いい音楽はつくれない。だから、たとえ指揮台の上で飛んだり跳ねたりしていても、指揮者は二重人格、三重人格のように、どこかで冷めた耳を持っている必要がある。

## 自分の音を言葉にして伝える

そして、最も指揮者にとって大切なのは、「自分の音」を実際にどう鳴らすかだ。

僕は二〇代の終わりから三〇代にかけてヨーロッパや日本で、指揮者としての「自分の音」を求めて成功と失敗を繰り返した。自分の音をどうオーケストラに伝え、表現するか。指揮者として成長するために、その一〇年間はとても大きかった。

音楽は空気を振動させて鳴る音でしかない。作品に仮に「水」という標題がついていたとしても、結局それは音の連なりでしかない。自分が作品に一歩踏み込み、作品が自分に近づいてきたとき、ある情景、イメージが立ち上がる。それをオーケストラに伝えるとき、言葉にして伝えることがとても大切になる。

たとえば、ブラームスの「交響曲第四番」。第一楽章は、ヴァイオリンの「♪シ　ソ　ミド」という三度下降に休符を挟んで六度上昇する、とても繊細な主題から始まる。演奏を重ねていくと、一つのイメージが自然に浮かび上がってくる。

「一人の貴婦人を舞踏会にエスコートするときに、指揮者の僕が差し伸べた手の上にそっと女性の手が重なってくる。手が重なったその瞬間に音を鳴らしたい」

そんなふうにオーケストラに伝える。ヴァイオリンには、こちらが静かに合図を出したら、いつ出てもいいと指示している。ヴァイオリンが歌い出すのを待って、次の拍に入る。そして哀切にして高雅なメロディーが奏でられる。

弦が出るタイミングをこちらが出してしまうと、オーケストラは想像することをやめる。わかりやすく言うと、「せーのー、はい！」とタイミングを出すところを、指揮者が「せー」だけを言う。「のー」は、演奏者みんなが自分の中で感じとり、それぞれに始まる。集中して丁寧に。

ここで大事なのはオーケストラの想像力だ。もしもオーケストラに想像力がなく、それぞれが演奏に消極的にしか参加しなければ、決していい音は鳴らない。だからこそ指揮者はオーケストラの想像力を呼び起こすように、イメージを言葉で表現して伝える必要がある。

たとえば、一つの静かなフレーズも、それが透明感のある静けさなのか、安らぎをたたえた穏やかな静けさなのか、あるいは爆発前の何かを秘めた静けさなのか、的確に表現して伝えることが求められる。

僕が尊敬する指揮者カルロス・クライバー（一九三〇～二〇〇四年）は、リハーサルで音づくりを指示するとき、「夢のような話をして、何を言っているのかわからなかった」そうだ。かつてクライバーのもとで演奏した奏者たちにそう聞かされた。

「そこは、たとえば、クリスマスプレゼントのおもちゃをどうしてもほしい子どもが、買ってもらえなくて、駄々をこねているような感じで……」

本当か嘘か、練習の三分の二がそんな感じだったらしい。

## 「レモンのしぶきがパーッとかかるくらいの強さに」

演奏者はいわば職人である。だから、具体的に音を短くすればいいのか、長くすればいいのか、どれくらいテンポを上げればいいのかを知りたがる。

とはいっても、みんながみんな、具体的で説明的な指示を待っているわけでもない。抽象的なイメージの表現がすとんと腑に落ちる演奏者もいる。指揮者もいろいろだが、演奏者も一様ではない。

カラヤンのリハーサルで印象的だったのは、弦楽器奏者に対して、あるフレーズを弾くために「弓を二センチしか使ってはいけない」と指示したときだった。きわめて具体的ではあるが、一方でそれはあり得ないことでもある。

しかし、カラヤンはあえてそう言った。そして、そう指示した後に、実際に振ってみると、そっと耳打ちしているように繊細な音が鳴ったのである。

そんなふうに演奏者への指示をイメージとして伝えることは、ときに決定的なはたらきをする。しかし、ヨーロッパのオーケストラ相手に言葉の壁があった僕の場合、最初はそこでずいぶん苦労した。

音の鳴らし方を言葉で求める場合、たとえば「悪魔のような音がほしい」「賛歌のように吹いてくれ」「もっとフレッシュな音にしてほしい」と言う。

あるいは「そこのアクセントは、レモンを切って、そのしぶきがパーッと、こちらにかかるくらいの強さがほしい」とイメージを伝える。

そういう抽象的な表現をする場合、僕はそれに加えて「これくらい息のスピードを速くしてほしい」とか、「弓の先の部分を使って」とか、できるだけ具体的な奏法まで指示するように心がけている。

あるいは「ここで祈りを捧げるような音がほしい」と求めたときは、たとえばドミソの和音のうち「ドとソの音を少し強調してほしい。ミはそのままで自分がいちばん心地いいところで！」と言う。

そうして、もしみんなが祈りを捧げるような気持ちになれたとしたら、その練習はすごくうまくいったということになる。

## 演奏会はサーカスの綱渡りに似ている

練習でうまくいったものが、本番で思ったようにいかないことは、たまに起きる。逆に練習は未消化なまま終わったにもかかわらず、本番で会場にお客さんが入った途端、何もかもうまくいくこともある。

練習はあくまでも種に水をまいているようなもので、どういう大きさで、どういう色の花が咲くかは、予想はしていても、実際は咲いてみなければわからない。それは音楽の世界では、ごく自然のことである。

つまり何が成功に結びつき、何が失敗の原因となるかわからないところが、生の演奏会の面白味でもある。

一九七七年、カール・ベーム（一八九四〜一九八一年）がウィーン・フィルを率いて来日したときのことだ。アンコールでベートーヴェンの「レオノーレ序曲第三番」を演奏した。

後半、単純な箇所でベームがあいまいな指揮をして、戸惑った弦楽器群の足並みが乱れた。天下のウィーン・フィルの音が揃わずに、ずれて鳴ったのだ。

その瞬間、オーケストラのメンバーの顔色がぱっと変わった。NHKのテレビ中継を見ていた僕は、その瞬間を鮮明に覚えている。オーケストラの一大事がこちらに伝わってきた。

その直後のプレスト（きわめて速く）は、弦楽器の早弾きが求められる難しい箇所だが、もう爆発的な演奏だった。オーケストラが音の塊《かたまり》になって聴く者を圧倒した。一つのミスをきっかけに、オーケストラの集中力が瞬時に高まったのだ。

音がずれることは、どうでもいいといえばどうでもいい。その後の爆発的なプレストを聴けたよろこびは何ものにも代えがたかった。

演奏会はサーカスの綱渡りに似ている。綱を渡るパフォーマーが綱から落ちてしまっては困るが、絶対落ちないとわかっているのもつまらない。落ちそうで落ちない、サーカスの面白さは、そのハラハラドキドキのスリリングな緊張感にある。

演奏会でいえば、もちろん演奏が破綻してはいけない。では、安定していればいいかというと、これもまた面白くない。言ってみれば、指揮者はオーケストラに綱渡りをやらせているようなものなのだ。

だから僕はたとえば、あらかじめオーケストラに「本番はリハーサルよりもテンポを上げる」と伝えておき、本番ではオーケストラが予想した以上のテンポで演奏し、どんどんオーケストラを追い込んでいく。

そうかと思えば、予想以上にゆっくりと振り、あと糸一本、皮一枚のところまでテンポを落とす。

小澤先生はそれを、こんなふうに表現した。

「オーケストラの指揮は車の運転のようなものだ。周囲に気を配りながらハンドルを微調整しつつ、オケが崩れそうになる瞬間を聴き取り、それが現実になる前に手を差し伸べる」

その喩えでいえば、指揮者は演奏者たちのエンジンを最もいい状態に導いていき、これ以上テンポを上げたら、オーバーヒートしてアンサンブルがバラバラになる、これ以上テンポを遅くしても、エンストして止まるという境界線上を進んでいく。

そこはオーケストラとの勝負であり、駆け引きである。あるいは、それは緊張と緩和のコントロールとも表現できる。

これは僕が大好きな落語家、桂枝雀師匠の笑いの「緊張と緩和」論にも通じる。つまり「場の雰囲気が緊張しているときに、その緊張をふっと緩和させると笑いが生まれる」。

指揮者は演奏者を引きつけたり、解放したりを繰り返すことで、演奏にスリリングな緊張をもたらす。同時に演奏に即興性を持ち込み、一回しかない生演奏の醍醐味をオーケストラや聴衆とともに味わうのである。

## 体が反応を起こす演奏をしたい

指揮者とオーケストラの勝負がデッドヒートを演じ、僕の能力が全開して針が振り切れた状態になる。それが僕の言う「ハチキレ感」に満ちた演奏だ。僕の発するパワーにストップがかからずに、レッドゾーンに入るほど集中して生き生きとしている状態である。

そのときに要《かなめ》となる楽器は、ティンパニとコントラバスだ。ティンパニはマレット（ばち）を振り下ろし、ヘッド（膜面）にコンタクトした瞬間にパッッーンと音が立ち上がらなくてはならない。その音の立ち上がりによって、オーケストラの音色が決まり、燃焼度が高まる。それほどティンパニの音の存在感は、僕の音楽づくりに重要な役割を果たす。

同時に音のいちばん底のほうで鳴っているコントラバス。低音が鳴り出すタイミングを少し早めると、オーケストラの運動能力が高まる。さらに曲のハーモニー感にとっても、オーケストラ全体の流れにとっても、コントラバスの低音が土台となって演奏に奥行きと深みを与える。

いい音楽は音楽家自身の体のすみずみにまで浸透していく。それを音楽理論的に分析することはできるのかもしれないが、もっと本質的なことは筋肉が音に対して驚いたりよろこんだり恐怖を感じたりすることだ。

たとえば、弦楽器は左手でビブラートをかけて音程をつくり、右手で音色と音量をつくる。弾いている音楽がよろこんでいる音ならば、両腕の動きだけではなく、筋肉そのものがよろこんでいなければならない。

長く名門ケルン放送交響楽団の首席コントラバス奏者を務めた、ドイツ在住の河原泰則さんからこんな話を聞いた。マーラーの「交響曲第三番」を演奏していたときのことだ。

指揮者とオーケストラが完全なアンサンブルを奏でながら演奏が進み、全六楽章のうち五楽章までが、あまりにもうまくいった。この曲は弦楽合奏による美しい主要主題が奏でられる最終楽章が最も幸福に満ちた音楽になる。河原さんは「これからあの美しく気高い緩徐《かんじょ》楽章を弾くことができるんだという感動とよろこびで体がガタガタ震えだした」と言うのだ。

面白いものを見たときに筋肉がゆるんだり、驚いたときに筋肉が緊張したりする。頭で音符を理解することも大事だが、音楽は体が欲していなくてはならない。しかも、それを表現者として表すことが必要だ。

それがうまくできたときは、野生の生きものがふいに目の前に現れたように、生命のエネルギーが躍動する。

あるいは、音楽は言葉だけではなく、感覚とか筋肉が覚えるものだ。頭の記憶ではなく、筋肉の記憶。

たとえば、こんなことがある。かつて演奏した作品の楽譜を何年かぶりに開く。あるページをめくったとき、なんとなく違和感を覚える。体の奥のほうからシグナルが発せられる。その箇所は、以前演奏したときにホルンの音が止まってしまう事故があったところだった。これは僕の言葉で言えば、頭ではなく筋肉の細胞が記憶していたということだ。

演奏する側も聴く側も、心だけが動いているのではなくて、筋肉自体が動いているような、体が反応を起こす演奏をしたい。音符を体感する音楽。それが僕のつくろうとしている音楽だ。

## 客席から指揮を通して譜面が見える

僕の指揮は、客席から見ていると「楽譜に書いてあることがよくわかる」と言われる。

たとえば、金管楽器がメインで鳴っている。ではそのとき、僕は金管に向かって指揮をしているのかというと、必ずしもそうではない。二層にも三層にも重なったオーケストラの各パートを強調することによって、楽曲の構造がはっきりと見えるようになる。

第一ヴァイオリンがメロディーを弾いている。しかし、そのメロディーが鳴るのが三回目で、聴衆の耳にメロディーが残っているならば、そこで指揮者ができることはヴィオラにあったりチェロにあったりする。

それがわずかな変化であったとしても、それを指示し、かたちにして見せる。演奏者にしてみれば、同じメロディーを同じ指揮と演奏で繰り返しているのと、別のパートの動きを追って演奏するのとでは、おのずと音の厚みが違ってくる。

聴衆にしてみれば、曲を分析した文章を読んだだけではよくわからない作曲家の意図や楽曲の成り立ちが目に見え、かたちで示される。

客席から指揮を通して譜面が見える、作曲家が求めている音楽がわかる。それが佐渡裕らしい指揮といえるのかもしれないが、それだけに作品についての理解が不十分な場合は、その特長が出せないことになる。

僕は暗譜で指揮をしない。指揮台に楽譜を載せて、音楽の進みに合わせてページをめくりながら指揮をする。

というのも、指揮者が楽譜を記憶していることそのものは、音楽の本質とは何の関係もないからだ。だからオーケストラや聴衆が暗譜に価値を置くことも、ショー的な意味以外はないと思う。

音楽は瞬間的に鳴るべきものだ。だから、音楽という建物に入ったとき、一〇歩進んで右に回る、そこには狭い通路があって、進めば広い空間に出る、というプロセスをその瞬間につくられたように生み出さなければならない。

オーケストラ譜の二〇段も三〇段もある五線譜はいくつかのグループに分かれ、それぞれがハーモニーを織りなしている。暗譜で指揮をすると、僕の場合、その中の一つの要素を取り上げて、覚えてしまう可能性がある。

譜面が頭の中にあるかどうかは別として、僕はその都度、譜面を追いかけてページをめくり、そのたびごとに音楽を生み出すことにこだわりたい。

## 会場全体の〝気の塊〟を動かす

指揮棒や指揮者の体の動きは、確かに演奏者の音に影響を与える。しかし、指揮者はただオーケストラを指示通りに動かすために指揮するのではない。まして拍子を合わせるためのものではない。

僕の表現で言うと、指揮者は指揮することで、その場の〝気の塊〟を動かしている。究極の指揮法とは、気のコントロールだ。

音とは単に空気の振動だ。ただ、その音が人の思いで鳴っているとき、それは音楽になる。

指揮者は演奏者の士気を鼓舞したり抑えたり、集めたり解放したりする。指揮者とオーケストラはステージ上では言葉を交わさないだけに、そのぶん気と気のやりとりがそこで行われているのだと思う。指揮者とオーケストラの気が完全に一体化しているとき、指揮者は腕を動かす必要はなくなる。

そこで忘れてはならないことは、演奏される音楽を聴く聴衆がいてこそ、ホールの中の気が十全に巡るということだ。舞台から客席に送るのは音だけではなく、一種のエネルギーであり、それは客席から舞台に向かっても送られる。特にクラシックのコンサートは、聴いているほうが耳を澄まし、心のひだが揺れ動いている状態になっているだけに、ステージに送られる聴く側の気が強い。

同じ練習をして、同じプログラムを同じ会場で演奏しても、指揮者やオーケストラのコンディションと同様、お客さんがウキウキした気持ちで会場に来ているのか、雨の中をやっとの思いで来ているのか、リラックスしているのかで、会場の気はグンと変わる。僕は背中でそれを感じることができる。つまり、客席の状態が演奏会そのものの出来ばえを大きく左右するのである。

ベームの振り間違いを弾みとしてウィーン・フィルが怒濤の演奏をして会場を巻き込んでいったように、ちょっとした間、ハプニングでさえ、指揮者とオーケストラが気の変化を汲み取り聴衆がそこにうまくはまると、ステージと客席、ホール全体の気が一体となって巡り、演奏会はその時間、その場でしか味わえない特別なものに変わる。

だからこそお客さんは演奏会の重要な出演者であり、だからこそ生のコンサートは何ものにも代えられない。

僕の気はオーケストラに伝染しやすい。僕のテンションが低いと、明らかにオーケストラに伝わる。逆にオーケストラが緊張していると、その気を僕が読み取ってしまう。気の状態と動きに対する感度の高さは、僕の長所でもあり弱点でもある。

今日はオーケストラの空気が重たい、と感じると、僕はその空気を軽い方向に持っていく。オーケストラの気が浮き足立っている場合は、それを鎮《しず》める方向にコントロールする。それはほとんど無意識の作業だ。

## 対照的なカラヤンとバーンスタイン

この章の冒頭で、僕は指揮者が指揮をしている姿を見ているのが好きだと書いた。

実はそのときに僕が見ているのは、指揮者の体や手の動きではない。指揮者の頭の中だ。指揮を見ていると、その指揮者が何十段もある楽譜のうちの何段を読んでいるかがわかる。たとえば三〇段ある楽譜を四グループに分けたうちの、どこどこを選んでいるか。指揮をしているときに、この指揮者はどの楽器をドライブし、どの音を演奏者にゆだねているのか、それを見ている。

もちろん、どの方法が正しく、どのスタイルが優れているというわけではない。いい音楽への導き方は一様ではなく、指揮者の個性によって異なる。その個性の粒たちが音楽ファンの醍醐味にもなる。

個性のいちばん鮮やかな対照を一つ挙げるとするならば、カラヤンとバーンスタインだろう。二〇世紀後半の偉大な指揮者だった二人は、宿命のライバルとして何かと比較されがちな存在だった。

カラヤンとバーンスタインは確実にクラシック音楽の一時代を築き、また二人の死によって指揮者の一つの時代は終わった。そのことは後で述べよう。ここでは思い出話を交えながら、二人の指揮者のあり方を見てみたい。

ヘルベルト・フォン・カラヤン（一九〇八〜一九八九年）は、楽譜に忠実に美しい音楽をつくり上げ、ヨーロッパの伝統的クラシックの継承者として、華やかで豪華な音の大聖堂を築いた。

一方、新星のごとくアメリカに登場したレナード・バーンスタイン（一九一八〜一九九〇年）は、作曲家としても宗教曲からミュージカルまで幅広く手がけ、情熱的で躍動的な音楽をつくった。

バーンスタインはアメリカ人として初めて世界に認められた指揮者であり、それまでヨーロッパが牛耳っていたクラシック音楽の世界に風穴をあけた。バーンスタインが生涯格闘し続けたヨーロッパの伝統という壁。その象徴的存在がクラシックの帝王カラヤンだった。

二人の違いはその指揮のあり方に象徴的に表れた。カラヤンの指揮は目をつむって、愛しいものを抱き込むように両腕を優雅に動かす。

あの腕の中にはカラヤンのイメージする「理想のオーケストラ」がある。目の前にいるオーケストラをある意味無視して、理想のオーケストラに向かって指揮をしているといえばいいだろうか。こちらで理想のヴァイオリンが鳴って、そこに理想の木管楽器がいて、こちらでは理想のコントラバスが弾いている。

カラヤンはかつてこう言ったことがある。

「指揮者にとっていちばんいけないのは、明確な指示を与えることだ。なぜなら、それは奏者が互いの音を聴くという大切なことを妨げるから」──

つまり演奏者は、カラヤンの腕の中にある理想のオーケストラを自分で想像して演奏することを求められる。

そして楽曲のクライマックスが来たときに、カラヤンは両腕を広げる。その瞬間、両腕の中の理想のオーケストラと目の前の現実のオーケストラが一体化する。そのときにすべてが解放され、〝カラヤンマジック〟が起こるのだ。

一方のバーンスタインはどうだろう。

指揮台に上がった瞬間から、「やぁジョージ、弾いてるね」「おお、マイケル、君が吹いてるのか!」「あなたは誰だっけ? ああ、そうそう……」というふうに、一人ひとり名字と名前の付いたメンバーとともに音楽をつくっていく。

そして、ジョージのチェロの音、マイケルのホルンの音、その人だけにしか出せない音があり、その「名前の付いた音」を大切にして音楽をつくっていく。

バーンスタインは、ウィーン・フィルを相手にハイドン「交響曲第八八番」第四楽章をまったく腕を動かさずに指揮をしたことがある。一九八三年のことだ。腕を組んだまま、目配せや顔の表情だけで見事なアンサンブルをつくった。それは一種のジョークであり茶目っ気なのだが、信頼関係をもとにして演奏家たちにすべてをゆだねながら自分の音楽を奏でる指揮者の姿でもあった。

しかし、何かと比較されたカラヤンにしてもバーンスタインにしても、アプローチは異なりながら、現実のオーケストラと聴衆を連れて行く場所は同じだった。

最後に辿り着くところ、それはいずれも音楽のよろこび、音楽のエクスタシーを得られる場所だった。両者ともにクラシック界をリードして、音楽を世に広めることに大きく貢献した。まったく対照的な二人の巨匠が登場したことによって、音楽の世界はとても幅の広いものになった。

## ライバルを楽しむ二人の巨匠

僕が子どものころに大きな影響を受けたのは、さんざんレコードを聴いたカラヤンだった。そのときに刷り込まれたものは大きく、今でもカラヤン指揮のベートーヴェン「交響曲第五番〈運命〉」にはしっくりくるものがある。

僕がベルリン・ドイツ交響楽団（DSO）とチャイコフスキーの「交響曲第五番」を録音したときは、カラヤンが六〇年代にベルリン・フィルと数多くの名盤を録音したベルリン・イエス・キリスト教会をあえて使わせてもらった。あのときの音が無性に懐かしかったのだ。

僕がカラヤンを最初に見たのは一九八八年四月の大阪公演だった。さらに間近で目にしたのは、亡くなる前の八〇歳ほどになったカラヤンだ。ウィーンに留学していたとき、ウィーン楽友協会大ホールで、ブルックナーの交響曲のリハーサルを見学した。

燕尾服姿のカラヤンは突然、チャイコフスキーの「交響曲第五番」をやると言い出して、リハーサルも何もなく、一回だけ演奏をした。

映像に収めたかったのか、リハーサルの出来に不満があったのか、理由はわからないが、とにかく全力で振っているカラヤンがそこにいた。ウィーン・フィルもなりふり構わず、とにかく思いきり大きな音を鳴らそうとした勢いのある演奏だった。あれは何だったのか、その光景は妙にはっきりと覚えている。

一九八八年、バーンスタインがウィーン・フィルと演奏会をするため、僕が留学中のウィーンに来たときのことだ。同じ時期にカラヤンとベルリン・フィルの演奏会が開かれることになっていた。バーンスタインはやはりそのことを意識していたのだろう、ふとした折に僕に尋ねた。

「ユタカ、明日、カラヤンの演奏会があることを知っているか？」

知っているどころか、僕はそのチケットをきっちり買っていた。「う〜ん」となって気まずい表情をしたのだと思う。

「おまえ、もしかして行くのか？」

こういうことは隠せない性分だ。正直に話したら、「チケット代はいくらした?」と尋ねては、自分の演奏会の料金と比べてライバル心をあらわにした。そして、バーンスタインはこう言った。

「私はカラヤンの音楽は大嫌いだが、カラヤンの顔は見たい」

つまり、自分はカラヤンの音楽を認めることはできないけれども、一方でその存在はとても気になる、と言うのだ。

翌日、バーンスタインはお忍びでカラヤンの楽屋を訪ねた。カラヤンはバーンスタインに、

「ベルリン・フィルのメンバーは、みんなバーンスタインに来て振ってほしいと言っている」

と告げた。それに対して、バーンスタインの答えはなんと、

「ノー、サンキュー」

だった。

これには裏事情がある。バーンスタインが一九七九年、ベルリン芸術週間に呼ばれ、ベルリン・フィルとマーラーの「交響曲第九番」を演奏した直後に、カラヤンはベルリン・フィルで同じ作品を録音した。しかもカラヤンとベルリン・フィルは

同じ曲を一年前か二年前にも録音していた。これは普通、あり得ないことだった。バーンスタインは僕に冗談交じりで「私は泥棒がいる間は、ベルリン・フィルを演奏することはない」と語った。自分が演奏したパート譜やヴァイオリンの弓付け（弓使いの取り決め）を使ってカラヤンは録音した、と言うのだった。

バーンスタインが指揮したばかりの曲をカラヤンは、同じオーケストラで直後に録音した。それは、あえてやった、意識的にぶつけてきたとしか思えない。それはカラヤンのバーンスタインに対する挑戦とも取れるし、自己主張とも取れる。バーンスタインはそうしたカラヤンの露骨な態度に不快感を覚えたのかもしれない。

カラヤンはベルリン・フィルの常任指揮者時代、バーンスタインをベルリン・フィルの定期演奏会の指揮者として招くことはなかった。バーンスタインがベルリン・フィルを指揮したのは、前述のベルリン芸術週間に呼ばれて出演したときだけだ。

バーンスタインほどではないにしても、カラヤンもなかなかユーモアのセンスがあった。以前読んだ本で印象に残っているエピソードだが、ある記者会見の席でカラヤンはこう言ったそうだ。

「私は病気にかかった。それは石に関する病気だ」

記者たちは「胆石ですか、尿石ですか？」と聞いた。カラヤンが答えた。

「バーンスタインという病気だ」

「スタイン」はドイツ語で「石」（シュタイン）のことで、「バーンスタイン」は「琥珀」を意味する。対抗意識半分のジョークといったところだろうか。

そんなふうに、二人は世間が自分たちを宿命のライバル視することを互いに楽しんでいるふうでもあった。

この話にはおまけがつく。ジェームズ・ゴールウェイというベルリン・フィルを代表する名物フルーティストがいた。彼は会見の翌日、バーンスタインの姿をプリントしたTシャツを着て、カラヤンのリハーサルに行ったという。

バーンスタインを過剰に意識するカラヤンに対するからかいというか、彼一流のユーモア精神だろう。

ゴールウェイは一九七五年にベルリン・フィルの首席フルート奏者を辞めることになり、カラヤンを戸惑わせるが、ゴールウェイ最後の演奏会で、カラヤンはフルートのソロで始まるラヴェルの「ボレロ」をアンコールに選んだ。僕が中学生のときだった。今も現役で活躍しているが、僕自身がフルーティストだったこともあり、彼には特別思い入れが深かった。

## ウィーンのアメリカ人指揮者

日本人にしてみれば、アメリカ人もヨーロッパ人も同じ西洋人と一括りにしがちだが、クラシックの世界では明らかにヨーロッパの伝統が圧倒的な重みを有している。バーンスタインが僕にウィーンに留学せよと言ったのは、彼自身そのことを身に染みて痛感していたからだと思う。

一九六六年、バーンスタインがまだニューヨーク・フィルの音楽監督だった時代、ウィーン・フィルと初顔合わせのときに最初は「モルゲン」（おはよう）と声をかけ、オーストリアでよく使う「ゼアブス」（よう！）と声をかけた。気軽にポーンと人のうれしいところに飛び込んでくるバーンスタインらしいあいさつだ。

その後、彼はウィーン・フィルのメンバーに向かって演奏に臨む決意を語った。

「僕はまず謝っておかなくてはなりません。これから演奏しようとしているモーツアルトはみなさんの音楽です。と同時に僕の音楽でもあると信じています。ただみなさんにとっては、もっと身近な音楽でしょう。あなた方から僕はいろんなことを学びたいのです」

モーツァルトを演奏する上で最高のオーケストラであるウィーン・フィルに対して敬意を表しながら、同時にそれは自分の音楽でもあると宣言している。ウィーンの人たちに対して、モーツァルトをもし「自分たちだけの音楽」だと思っているのなら、それは間違いだと、この瞬間に伝えている気がする。

そういう前提のもとに、自分のテンポで自分の音を、ウィーン・フィルという最高のオーケストラで鳴らしていった。

一九八八年、バーンスタインがウィーン・フィルと共演するため、ウィーンに来たときのことだ。当時、七〇歳。アメリカのタングルウッドでは、出身大学の「ハーバード」と書いたパーカーを着て、レイバンのサングラスをかけ、Gパン、ブーツ姿だったバーンスタインは、ウィーンでは古風なマントを着ていた。

バーンスタインはヨーロッパの伝統に対して特別な意識を抱いていた。音楽が育った土地と時代に対する関心や探求心、憧れがあったのだと思う。自分は伝統的な文化に向き合うという思いと、しかし自分はアメリカ人であるという自覚が葛藤していることを楽しんでいる様子だった。

リハーサル初日、舞台にバーンスタインが現れると、オーケストラが異例のファンファーレを鳴らして歓迎した。七〇歳のお祝いとして、ウィーン・フィルのみんなから「プレゼントがあります」と渡されたのが、ブラームスが実際に練習で使っていた椅子だった。バーンスタインは大喜びで、座りにくそうなその椅子に無理やり座って練習をしていた。

演目はマーラーの「交響曲第六番〈悲劇的〉」。一楽章から三楽章まで集中した練習が進んで、バーンスタインも「最高のオーケストラだ」と感激した。

ところが、長い休憩を挟んで第四楽章の練習に入った途端、大混乱が起こることになった。明らかに楽団が想像していたテンポより遅かったのだ。

とうとうトランペットの演奏者が「そんなテンポでは吹いていられない」と言い出した。盛り上がっていた練習は時間が足りなくなり、腹を立てて出て行くメンバーもいた。

同じバーンスタインが指揮したマーラーの第六番でも、第四楽章のある部分について、一九六七年にニューヨーク・フィルでは二一秒だったところが、八八年のウィーン・フィルでは二八秒かかっていた。いったい何が起こったのか。

## マーラー作品をより深く、より強烈に表現する

グスタフ・マーラー(一八六〇〜一九一一年)の作品には、彼の複雑な生い立ちが濃厚に映し出されている。

マーラーは酒造業を営むユダヤ人家庭に生まれた。ユダヤ人は当時から社会的に差別され、日常的に家族に暴力をふるう父親と、心臓と足が悪い母親のもと、一四人の兄弟のうち半分は若くして亡くなった。マーラーは子どものころから現実を現実としてそのまま受け止められないような厳しい境遇にあったといえる。

マーラーの作品は「分裂病的」とも言われる。たとえばユダヤ民謡の土俗的な旋律が流れたと思えば、それがキリスト教的な神々しい音につながる。あるいは現実的な葛藤や苦しみを表す重苦しい音の中から突如、兵隊の進軍ラッパのようなファンファーレが鳴り響く。

子どものころ、マーラーの自宅近くには軍用基地があり、軍隊ラッパの音が毎日、聞こえていた。父親の暴力という恐怖の中で、軍隊ラッパが鳴るとマーラー少年の心は、ふっとそちらの世界に逃げ込んでいったに違いない。

まったく異なるモチーフがもつれ合いながら進む展開は、作曲家として生きる現在と、子どものころの記憶がひと連なりの時間の中にあるところから生まれているように思う。過酷な現実の中にある自分と、そこから逃避しようとする自分。そんな子どものころに苦しさを感じる自分と、郷愁を覚える自分。矛盾に満ちた人生をそのまま反映したマーラーの音楽は、来たるべき困難な時代を予感しているようにも思える。

第六番は「悲劇的」という標題が付されているように、大いなる悲劇へと突き進む人類の暗い未来を暗示した作品だといわれている。バーンスタインは歳を重ねるにつれ、オーケストラがいちばん心地よく演奏できるテンポよりも、マーラーが描こうとした悲劇性をより深く、より強烈に表現しようとしたかったのだと思う。

絵でいえば筆のタッチをえぐって絵の具をたっぷり乗せたかった。彫刻でいうともっと深く彫り込みたかったのだろう。みんなが予測するテンポよりも遅くすることで、このシンフォニーの異常性のようなものに辿り着きたかったのではないか。

最終楽章で悲劇は決定打を迎える。その決定打が第六番だけに使われるハンマーだ。楽譜には打楽器の一番下に「ハンマー」と書いている。ハンマーはハンマーでしかない。最後にハンマーを振り落として、衝撃音を鳴らすことをマーラーは要求しているのだ。

三〇分ほどかかる第四楽章で、もともと五回の打撃を書いていたらしいが、三回に絞られて、最終稿では二回になった。

第一の打撃は「家庭の崩壊」、第二の打撃は「生活の崩壊」、第三の打撃は「自身の死」を意味するとされ、マーラーが自分の指揮でこの曲を演奏したとき、「自身の死」を意味する第三の打撃を怖くて振り下ろせなかったという。

バーンスタインの演奏には、三発目のハンマーが復活している。これは世界に対する最後の一撃であり、この決定打で世界は滅びてしまう。三発目にはこうした悲劇があってはならないという祈りが込められていた。僕はそう解釈している。

## 〝巨匠〟と神格化する時代は終わった

かつて指揮者は圧倒的な音楽性さえあれば、多少人間的に問題があっても、オーケストラがひれ伏す時代もあった。

しかし、オーケストラが指揮者にひたすらつき従う巨匠が活躍する時代はすでに終わった。サッカーの審判のように絶対的な権限を持つマエストロは今、求められていない。

もちろん、国によっても異なる。たとえばドイツでは指揮者もオーケストラのプレーヤーと同じ音楽をつくる一つの歯車である。大きな歯車ではあるが、やはりあくまで歯車に過ぎない。それを踏まえたうえでリーダーシップを発揮することが求められる。対してイタリアは、どんなに若い指揮者でもマエストロはマエストロとして扱われる。

ヴィルヘルム・フルトヴェングラー（一八八六～一九五四年）の時代のように、指揮者が神格化される時代は、カラヤンとバーンスタインの死で一つの終止線を引くことができると思う。

ベルリン・フィルの現在の芸術監督サイモン・ラトルの視線も、オーケストラ一人ひとりが生き生きと演奏するほうを向いている。ラトルになってレパートリーが大きく広がり、教育システムも充実した。天下のベルリン・フィルも次の聴衆をつくっていかなければならないのだ。

指揮者の独裁的な支配ではなく、オーケストラがいわば民主的に運営されることは一方ではいいことだろう。一方で客演指揮者にしてもソリストにしても、団員の多数決で決めていくことが、本当にいい音楽をつくることに貢献するのかについては疑問も残る。

指揮者と楽団の関係が変化した背景には、社会そのものの回転率が急激に上がったことがある。以前よりも演奏会の回数は増え、たとえばかつて五年に一回だったベルリン・フィルの来日公演は二年に一回に増えた。つまりクラシックは昔ほど貴重なものではなくなったし、それだけ身近な存在にもなったのだ。

わずか六〇年前、七〇年前でも、海外に演奏旅行に行くとなれば船旅だった。指揮者は船上で、さぞかし勉強できただろう。

今は練習時間も短くなった。かつては何日も練習を重ねて本番の公演に臨んでいたが、今はそんな贅沢な時代ではない。僕は断っているが、一日の練習で本番に臨むのは当たり前のことになった。

僕自身のスケジュールでいえば、一年で多いときは百本の本番がある。ざっといえば、一週間のうち三日間を練習、多くて三日を本番に、一日を移動に使うというサイクルである。三カ月先の公演の譜面を勉強し、同時に再来年のオペラのことが頭にあり、そのために資料も映像も見なければいけないというハードな状態だ。

## 新しい時代の指揮者に必要なこと

新旧の違いでいえば、現代はコンピューターを使ってどんどん新しい音がつくられている時代でもある。コンピューターに音を入力しているだけで、作曲家の頭の中ではその音が鳴っていない場合も多い。

それは音楽の創造性に深く関わる。僕にはやはり抵抗があるが、人間の頭の中で音が鳴っていなくても、優れた音楽は成立するのかもしれない。今という時代に生きる指揮者は、クラシック音楽の可能性については柔軟でなければならない。

その意味で、昔と今では指揮者に要求される能力と感性はずいぶん異なる。もしかしたら五〇年前のマエストロたちに、現代の先端的作品を指揮することはできないのではないか。

僕が三〇代の半ばで、ミラノのジュゼッペ・ヴェルディ交響楽団の客演指揮者になったとき、楽団の名誉指揮者だった巨匠ジュリーニの自宅にお邪魔したことがある。約束の五分前に行くと、自宅前の門のところで僕たちを待ってくれていた。一時間くらい話をしてくれた中で、

「あなたは現代曲をやるのか?」

と尋ねられた。

「やります」

と答えると、こう言われた。

「それは時間を捨てているようなものだ。ブラームスとベートーヴェンだけを指揮しなさい」

クラシックの古典中の古典。伝統の中核にいるような二人の作品には、一生を費

やしても尽きることのない音楽の豊かさが溢れている。ジュリーニはそう言いたかったのだと思う。

一人暮らしで、机の上のカレンダーを見ると、引退してから何も予定が入っていなかったのか、僕との約束の日のところにだけ、赤いマジックで「5:00 pm SADO」と書いてあった。それがすごくうれしかった。

## 地道に音を組み立てていく職人

クラシック音楽は芸術と呼ばれる。確かにすばらしい作品はあり、神々しい演奏はある。しかし音楽だからといって、それがすなわち芸術だとは限らない。

たとえばイチローがとても難しいボールを高度な技術で打ち返したとき、人はそれを「芸術的なバッティング」と呼ぶ。普通の人間にはできない技をとても美しい流れで見せた瞬間、それは「芸術」と呼ばれる。

しかし、僕は自分のことを芸術家だと思ったことはない。それは周りが与えてくれる称号のようなものであり、僕自身は自分のことを「音楽を扱う職人」だと思っている。

楽譜という設計図をもとに、なかなか思い通りにはならないヴァイオリンやフルートの専門家たちを動かして、地道に音を組み立てていく。その作業はむしろ現場監督の仕事に近い。

その僕がオーケストラに向かうときに心がけている姿勢は、音楽に対して誠実であるという一点に尽きる。そのうえで譜面をきちんと読みこなせていたら、もう何も怖いものはない。そして、演奏家たちと誠心誠意、向き合っていく。少なくとも僕にとっては、それがいい演奏へのいちばんの近道である。結果的に成功しても失敗しても。

譜面を深く読む洞察力と説得力、誰もが演奏しやすい明確な指揮の技法、オーケストラの音程やリズムを瞬時に聴き分ける感度のいいセンサー、状況を判断して的確な指示を出せる瞬発力。指揮者にとって、それらはもちろん重要である。

しかし、それよりも何よりも、オーケストラのメンバーたちが「この指揮者と一緒に音楽をしたい」と思えるかどうかが、指揮者の条件としては、より本質的な要素になる。

オーケストラは、指揮者の能力や人格を即座に見抜く。その部分でのごまかしはいっさいきかない。

そうすると、指揮者に求められるのは、音楽的な求心力と同時に人間的な魅力ということになる。少なくとも人間嫌いには、できない仕事である。となれば、究極の指揮者になるためには、究極の人間になるための修行が必要なのではないかと思うことさえある。

指揮者というのは、ある意味神秘的な仕事で、自ら音は出さなくても、言葉では説明できない象徴的な存在であることを求められる。

たとえば、往年の名指揮者カール・ベーム（75ページ）やセルジュ・チェリビダッケ（一九一二〜一九九六年）は、技術的に突出して優れているわけではなかったが、彼らが指揮台に立つだけで鳴る音が確かに存在した。

朝比奈隆先生の生涯最後となった演奏会は、二〇〇一年一〇月に名古屋で上演したチャイコフスキーの「交響曲第五番」だった。オーケストラは半世紀以上、ともに歩んできた大阪フィルハーモニー交響楽団。先生は九三歳で、そのおよそ二カ月後の一二月二九日に亡くなった。

重い足どりでステージに現れた先生は明らかに体調が悪く、楽団員二人の助けを借りて指揮台に上がった。そして、最初の一振りでオーケストラが鳴り出すと、譜面台に手をついたまま動けなくなってしまった。

しかし、アンサンブルは少しも乱れることはなかった。演奏前に「これが最後の演奏となるかもしれない」と伝えられていた大フィルの楽団員たちは、涙をぬぐいながら、一人ひとり全身全霊を捧げて音を鳴らしていた。重いテンポながら強弱やリズム、フレーズの変化をつけて演奏は最後まで整然と続いた。

そのときの朝比奈先生は、音のシンボルとして圧倒的な存在感でオーケストラの前に立っていた。それは指揮者の究極の姿だった。

# 第三章　オーケストラの輝き

## ヨーロッパと日本のオーケストラの音の違い

僕はこれまで二五年にわたり、ヨーロッパを中心に七〇ほどのオーケストラと演奏してきた。

ヨーロッパで長くオーケストラを指揮していると、どうしても日本のオーケストラとの違いを感じてしまう。

二つの違いは、まず色彩感に表れる。日本のオーケストラの音は、ヨーロッパの音に比べて色彩感に奥行きがない。僕の感覚で言えば、西洋と東洋の違いは立体か平面かで表される。西洋の文化には横、奥行き、高さがある。

日本の平面文化は、たとえば浮世絵を思い出してもいいし、風呂敷なども平面の布で立体物を包み込む。劇場のつくりにしても、歌舞伎の舞台セットは、平面に絵を描いた書き割りである。その伝統は吉本新喜劇といった現代劇にも受け継がれている。

対してヨーロッパのオペラハウスの舞台は、美術にしても照明にしても立体的で奥行きがある。ノートルダム寺院やヴァチカンのサンピエトロ大聖堂に行くと、奥行きや高さによって神が創造した世界の広大さを表現しようとしているようだ。龍安寺の石庭のように、四角い敷地に敷き詰めた白砂と点在する石だけで宇宙を表そうとした世界観とは対照的だ。

同じように音のつくりも、日本は平面的に色付けしていくが、ヨーロッパでは音が立体的に見えるように色付けしていく。それは日本のオーケストラの弱点であり、日本とヨーロッパの指揮者の違いにも当てはまる。

日本の指揮者は几帳面に拍を合わせることには長けているが、なかなか音楽に豊かな色彩感が出せない場合が多い。それは日本人である僕自身の課題としても、ずっと意識してきたことだった。

ここでいう色彩感とは、具体的にいえばハーモニーの感覚である。オリジナルの絵画を模写したときに、同じ黄色の絵の具を使うにしても、混ぜ具合で全体の調子が変わるように、たとえばドミソのミの音程を何ヘルツかわずかに上げ下げするだけで、ハーモニーの色彩感は変わる。

日本のオーケストラは力が入ってくると、どんどん色彩的には単色になっていく。あるいはべったりと黒く染まってくる感じがする。これに対してヨーロッパの場合は立体的に音が広がっていく。

ハーモニーがどう進行していくかに対する感覚にも違いを感じる。音づくりのさなかで、そこは緊張しているのか解放されているのか、前に進んでいるのか停滞しているのか。ヨーロッパのオーケストラはそれを楽譜からではなく、感覚的に捉える。

こういうことがあった。

バーンスタインが一九九〇年に創設し、世界各地のオーディションで選ばれた若手音楽家を育成する札幌の国際教育音楽祭ＰＭＦ（パシフィック・ミュージック・フェスティバル）。地理的など諸事情によりライブ・オーディションに参加できない若手音楽家の為にテープによる審査も行っているが、毎年その申請数は三〇〇通にも上り、それだけのテープ数になれば、審査する側も次第に飽きてくる。

そこでゲームをしようということになった。僕が応募書類のデータを見ないまま、演奏だけを聴いて演奏者の出身地や性別などを当てるというクイズである。正解の確率は七〜八割だった。楽器を演奏する音を聴くだけで演奏者を「韓国人の男性で、今はアメリカで勉強している」とか「日本人の女性で、ヨーロッパで勉強している」くらいまでの詳しさで言い当てることができた。

これは何を意味しているかというと、つまりそれだけ民族や地域によって生み出す音が異なるということである。

## 音から色彩感や空間意識を受け取る感性

オーケストラとリハーサルをするときに、僕は立体的な色彩感を要求する。言葉で指示するときもあれば、手の動きで表現するときもある。同じD《デー》（レ）の音を鳴らすにも、天井に抜けるように響かせるのか、腹の底から鳴り響かせるのかで、ハーモニーの厚みや奥行きは違ってくる。

これは調性が示すイメージにも大きく関わる。

伝統的に死を意味するとされるニ短調におけるレは、内臓をえぐるような音で底に不気味さが漂う。五感がクロスする共感覚を持つ音楽家は少なくないが、僕自身も調性に色彩を感じ、たとえばニ短調なら赤黒い感じを受け取る。

同じレを基音としてもニ長調には、生命力や礼賛を感じる。たとえば、ヘンデルの「メサイヤ」の中の神をたたえる「ハレルヤコーラス」、あるいはベートーヴェン「第九」の第四楽章で人間賛歌を歌い上げるフィナーレ。それらは弾けて上のほうに飛んでいく音である。

ベートーヴェン「ピアノ協奏曲第五番〈皇帝〉」全曲を支配している変ホ長調には神々しさを覚える。そう見ていくと、ベートーヴェンは、そうした調性が持つ色彩感を実によく考えて作品をつくった作曲家だった。

僕自身は、調性による音のイメージ、ハーモニーの色彩感と立体感は、ヨーロッパに住むようになってから敏感に感じるようになった。

たとえば、目の前の田園風景を見て受け取った感覚を音に変換するとき、作曲家によっては緑を強調した音にするかもしれない。あるいは黄色い大地を表現するかもしれない。圧倒的な広い空間を意識させるかもしれない。それは作曲家の持ち味である。

音からそうした色彩感や空間意識を受け取る感性は、音程や和音を聴き分ける耳の良さとは関係がない。だから、指揮者にとっては楽譜の勉強も必要だが、感性、感覚を磨くことがより本質的なことになる。そのために、絵画を観る、建物を見る、人と出会う。そういった経験こそが、音楽づくりの本当の養分になるのだ。

## 「大きくなったらベルリン・フィルの指揮者になる」

僕は長くパリに拠点を置き、ヨーロッパと日本を往復して、国内外のオーケストラとともに仕事をしてきた。その後、二〇〇九年にベルリンに拠点を移したが、二〇年以上にわたって僕はひたすら楽譜と格闘し、オーケストラとやり合いながら、自分の音楽のつくり方やオーケストラとのコミュニケーションの取り方を少しずつ見いだし、築いてきた。

一緒に仕事をしたオーケストラの中には僕が子どものころ、レコードで聴いた名門オーケストラも含まれる。

バイエルン放送交響楽団、ドレスデン国立歌劇場管弦楽団、ライプツィヒ・ゲヴァントハウス管弦楽団、ケルン放送交響楽団、パリ管弦楽団、ロンドン交響楽団……ドイツ、フランス、イタリアの主要な楽団はほとんど指揮したと思う。

その意味では、二〇一一年五月二〇日～二二日、ベルリン・フィルハーモニー管弦楽団の定期演奏会の指揮台に立ったことは、いくつかある通過点の一つに過ぎない。しかし、それはひときわ光り輝く通過点だった。

ベルリン・フィルを指揮することは、僕の幼いころからの夢だった。小学校の卒業文集に「大きくなったらベルリン・フィルの指揮者になる」と書いた夢が実現する。そのよろこびと興奮が自分の中には確かにあった。

しかし、それは突然、宝くじに当たって与えられたような栄誉ではない。パリのコンセール・ラムルー管弦楽団の首席指揮者を一七年間務め、ヨーロッパで二〇年以上にわたって数々のオーケストラと仕事をしてきた経験を評価されたうえでの客演だった。

緊張している自分と冷静でいる自分が一緒にいる不思議な気分だった。

## 指揮者が奏者に試される場

指揮者とオーケストラが気持ちを一つにして理想の音楽づくりに向かっていける

かどうか。その九割がたは最初のリハーサルがうまくいくかどうかで決まる。

通常のコンサートは三日ほどのリハーサルを経て演奏会を迎える。もちろん、これはオーケストラやプログラムによってまちまちだ。ベルリン・フィルのときは二日間で計九時間だった。自分が目指す音楽を聴衆に届けるために与えられた時間は限られている。

音楽監督や首席指揮者として、そのオーケストラとの信頼関係がすでに築かれている場合は別だが、初めて客演で指揮するオーケストラの場合は、こちらも楽団員も最初は探り合いの状態で臨む。

最初のリハーサルは「ファースト・コンタクト」と呼ばれ、非常に繊細で集中力を要する時間でもある。指揮者はそこで曲に対する独自の解釈と統率力を示さなければならない。

出だしでつまずくと、残された時間で挽回するのは難しい。そこで最も重要なのは、曲に対する自分のイメージを演奏家に伝えるコミュニケーションのあり方だ。

的確な指示をどこでどういう順番に出すか。その相手がオーケストラ全体か一人かでも伝え方は異なる。相手とタイミングを瞬時に判断し、伝えることで問題を解決すると同時に、自分の練習のやり方を演奏家たちに示す。

ベルリン・フィルの場合は、超一流のスタープレーヤーが揃ったオーケストラだけに、指揮者が奏者に試される場でもある。あらゆる側面からジャッジされるため、初めての指揮者には相当なプレッシャーになる。

「どうすればいいか、わからない。まるでライオンの檻の中にいるみたいだ」

そう話した指揮者もいたそうだ。

ただ、オーケストラのメンバーは、指揮者とどんなに考えや趣味が合わなくても、完全に指揮者と共有できる思いがある。それは「いい演奏をしたいと思っている」ということだ。あるいは「つまらない演奏だけはしたくない」と思っている。

ここが指揮者にとって確かな拠りどころになる。

## 「ハ長調ほど美しいものはない」

演目はショスタコーヴィチの「交響曲第五番」。僕にはおなじみの曲である。そして、武満徹さん（一九三〇〜一九九六年）がカーネギー・ホール一〇〇周年のために書いた三〇分以上ある大曲「五人の打楽器奏者とオーケストラのための“From me flows what you call time”（あなたが時と呼ぶものが私から流れ出る）」。

夢幻的なフルートのソロから始まるこの曲は、自然界の水、火、地、風、空を象徴する五人の打楽器奏者とオーケストラがゆるやかな音楽を紡いでいく。武満徹の生誕八〇年を記念して、ベルリン・フィル側からリクエストされた演目だった。武満徹が世界の音楽界でいかに重要な作曲家として認識されているかを物語っていた。

武満さんには大事な思い出がある。一九九四年の夏、札幌のＰＭＦでご一緒する機会があり、二人だけになる時間があった。緊張する僕の前で、武満さんはずっと押し黙っていた。

思い切って「いちばん好きな作曲家は誰ですか？」と尋ねたら、武満さんからは「デューク・エリントン」という返事がひと言返ってきた。続けて言われた。

「ハ長調ほど美しいものはない。ドミソほど美しいものはありません」

僕がキョトンとしていると、武満さんはブラームスの「交響曲第一番」の第四楽章の一部を口ずさんだ。ハ長調のシンプルなメロディーだ。

現代音楽を代表する武満作品には、シャープやフラットがいっぱい付いた複雑な楽譜をイメージしがちではあるが、今回演奏した曲も始まりは単音ですべてドミソの構成の中に入る音でつくられている。そして曲の終わりがやはりドミソ。ほかの作品を見ても、ドミソに始まりドミソで終わる曲は非常に多い。自然の美しさ、究極の美を表現したものとして、ドミソは武満作品では最も重要なハーモニーだ。

## 抜きんでた反射神経を持つベルリン・フィル

自分にとって初めて指揮をする曲であっても、伝統あるオーケストラでは他の指揮者で何回も演奏していることが少なくない。すでに多くの指揮者のもとで記憶に残る体験をしているプロの奏者を納得させるためには、とにかく譜面を開くしかない。

演奏会は東日本大震災の二カ月後だった。ベルリン・フィルのメンバーが震災直後にさまざまなチャリティー演奏会をしてくれたり、動画配信サイトで芸術監督のサイモン・ラトルが「日本のみなさんに」といってメッセージを送ってくれたりしていた。練習の冒頭は、そのことに対するお礼から始めた。

自分自身が被災したわけではないが、日本人として痛みを感じながら指揮台に上ると、一人の指揮者というよりも、日本から来た指揮者としてここにいるという気持ちがした。しかも公演の初日から一週間ほど前の五月一三日、僕は五〇歳という節目の誕生日を迎えていた。

練習初日、指揮台の上に立つと、自分がずっとファンだった演奏者が目の前にいる。カラヤン時代の楽団員も残っていた。

リハーサルを始めた途端、それまで聴いたことのないようなすごい音が鳴った。チェロとコントラバス、低音を奏でる二つの弦楽器が驚くべき音圧で全体の響きを支えている。そんな体験は初めてだった。

しかも金管楽器のトロンボーンがものすごい音量で吹いてきて、コントラバスとチェロと一体になっている。そしてフルートやオーボエといったソロの楽器が自由闊達に歌っている。

しかしその一方、練習に入って五分くらい経つと、指示を出すべき注文リストが僕の頭の中にズラッと二〇くらい並んだ。「ベルリン・フィルでも練習しなければいけないことがたくさんある」ということ自体が驚きだった。

メンバーたちは、楽譜には書かれていない〝行間〟を指揮者がどう捉え、どんな音楽をつくっていくのかを知ろうとした。

僕が自分のイメージを伝えると、それが何十倍にも増幅されたすごい音が返ってくる。そして、あるパートに「こういうイメージで」と一つの指示を出すと、次はそれをオーケストラ全体がパーンと膨らませて来る。すると、一つの指示が二つ目、三つ目の指示を同時に解決する。そうした反射神経に関しては抜きんでた力を持つオーケストラだった。

## 文化が壊された中で市民が守ったベルリン・フィル

ベルリン・フィルは、もともと名門のオーケストラだったが、それが「世界のベルリン・フィル」になったのは、カラヤンが一九五五年から三四年の長きにわたって、常任指揮者として、この楽団に君臨したことが決定的に大きかった。

カラヤンはクオリティの高いレコードを大量に作り、メディアにも華々しく登場して、楽団員を連れて世界中を演奏旅行した。一時期、カラヤンという名前そのものが指揮者を指すほどの圧倒的な存在感を示した。

しかし、カラヤンというカリスマに加えて、ベルリンという街そのものが、この名門オーケストラを育てたというのが僕の持論である。

僕が子どもだった六〇年代、七〇年代当時は、ドイツのオーケストラといえばベルリン・フィルばかりを聴いていたので、僕にとってドイツとはすなわちベルリンというイメージがあった。ところが、ヨーロッパに暮らしてみると、このベルリンという街は、実はかなり特別な街であることがわかってきた。

ドイツは二度にわたる世界大戦に巻き込まれ、中でもベルリンは第二次大戦でナチス・ドイツの最後の戦場として徹底的に破壊された。だから、この街に昔から残る特別な建築遺産はブランデンブルク門などごくわずかなものに限られる。

その代わりにモニュメントとして残る「ベルリンの壁」や「ホロコースト記念碑」が街なかにあり、この街が時代とともに変わってきたことを生々しく感じさせる。ベルリンはドイツ一国の首都というよりも、世界史に深く名を刻む世界都市といえるだろう。

戦争で壊された建物や文化の中で、新たな文化をつくってきたベルリンの人たちにとって、伝統あるベルリン・フィルを守っていくことは、自分たちのアイデンティティに関わる一大事だったと思う。

「守っていく」というのは、決して大事に保存するということではなく、それをベルリンの人たちが楽しみ味わい、誇りに思うということである。

だから、カラヤンの時代が終わりを告げて、この二十数年の間にも、オーケストラのかたちはどんどん変わってきた。

ベートーヴェンやブラームスがメインだったレパートリーは大きく枠を広げ、子どもたちのための企画も始めた。いち早くホールにカメラを設置して、インターネット中継を導入した。さらにデジタル・アーカイブを充実させ、世界中の人々が簡単にベルリン・フィルの演奏にアクセスできるようにした。

ただ伝統を守るだけではなく、今も生きて、進化し続ける文化として、最先端を目指している。ベルリンが世界に誇るものがベルリン・フィルだ。

## 音に集中できる理想的なホール

東ベルリンと西ベルリンという、数十年間とはいえ分断されていた、まったく異なる文化の街が再び一つになるという特殊な状況が、ベルリン特有の音楽世界を形成しているように感じる。とてもトラディショナルな文化とモダンな文化が共存し、掛け算をして新たな文化を生み出すことで、ベルリンという街が存続しているような気がする。

初夏には、シャルロッテンブルク地区の森の中にある、ヴァルトビューネと呼ばれる野外劇場でコンサートを開催し、市民はチケットを手に入れて自然の中でベルリン・フィルを聴くことを楽しみにしている。同時に彼らはそのことに誇りを抱いている。

ベルリン・フィルの本拠地であるコンサートホールがまたすばらしい。いいホールかどうかは、単に音響条件の善し悪しだけではなく、そこに入ったときに音楽に集中できるかどうかが重要になる。

たとえば、「黄金のホール」と呼ばれるウィーンの楽友協会大ホールは、木で造られた金色の宝箱のようなホールで、残響時間が長く、ピュアで気持ちがいい。歴史と伝統をたたえ、観客たちも正装して厳《おごそ》かな雰囲気が漂う。

それに対して、ベルリン・フィルのコンサートホールは、外観からしてすごくモダンだ。複雑に入り組んだ構造は、舞台を中央にして聴衆が平等に音楽を共有し、一つの共同体を形成することを目指している。

指揮者は舞台に上がるとき、客席と同じ高さから指揮台に上る。これも舞台と客席とが一体になることを狙った優れた演出である。

さらに演奏者にとっても、ただ音だけに向き合える理想的な音響を実現している。これは指揮台に立てば明らかなことだが、いちばん遠いホルンや右側のコントラバスが、反響板が特にあるわけでもないのに、すぐ近くにいるように聴こえる。まさにカラヤンの指揮のように、自分の両腕の中で理想のオーケストラを鳴らしている感覚を持てる。

ウィーンが古典的なレパートリーをまず大事にするのに対し、ベルリンのほうは新しい曲に対しても敏感に反応する。

ベルリン・フィルが、半世紀以上、「世界のトップオーケストラ」の地位を保ってきたことは、決して当たり前のことではない。

## オーケストラは指揮者が心を開くのを待っている

演目の一つであるショスタコーヴィチの「交響曲第五番」は二〇世紀音楽史上の傑作とされ、数多くの指揮者が演奏してきた。古典的で明快な構成を取っているが、最もすばらしいのは全四楽章の中の第三楽章だ。

ここは暗く静かなレクイエムで、写真で言えばモノクロでしか表せないかなしみの世界である。そこへチェロだけに色を与え、深い祈りと悲しみの感情を表している。

第三楽章のリハーサルでは、まずチェロ奏者にこう伝えた。

「この楽章は寒く冷たいモノクロの世界です。チェロだけが色を持っているかのようにメロディーを奏でてください」

続いてオーボエ奏者に「ここでは指揮をしません。この部分は子守唄です。一つひとつの音を丁寧に自分で歌うように演奏してください」と指示をした。

それまでは僕とベルリン・フィルとの探り合いで、緊張から遠慮するところもあった。しかし、この指示をきっかけにベルリン・フィルのメンバーたちの反応が変わり、グッと間口が広くなったように感じた。

オーケストラは指揮者が心を開いて、自分のイメージする音楽について語ることを待っている。そこからコミュニケーションが始まる。

とはいえ、たとえば初めて乗った車は、どこまでアクセルを踏んでいいのか加減がわからない。それまで排気量二〇〇〇CCの車を運転していたとしたら、ベルリン・フィルは明らかに五〇〇〇も六〇〇〇も排気量を持つ高級スーパーカーだった。

正直に言えば、最初からアクセルをどこまで踏み込むかにためらいがあった。オーケストラはアクセル全開を待っていても、初顔合わせでもあり、練習時間が短かったこともある。

ベルリン・フィルの第一コンサートマスターの樫本大進さんとは、ラムルー管弦楽団にソリストとして客演してもらって以来、すでに一〇年を超すつきあいだった。

二日間の練習が終わって、本番初日の前日、二人で市内のお寿司屋さんに行った。樫本さんは「これはうまく行きますよ」と明るい笑顔で励ましてくれた。

その日、ベルリンの街に大きな虹がかかっているのを見た。

## 今日の演奏が客席にいる少年佐渡裕に誇れるか

僕は子どものころ、確かに「ベルリン・フィルの指揮者になりたい」という言葉を残したが、それは他愛のない夢に過ぎず、自分の中では長らく思い出すこともなかった。

というのも、身近なところに指揮者がいるわけでもなく、どうすれば指揮の勉強ができるのか、どういう段階を踏んでいけば指揮者になれるかを教えてくれる人もいなかったからだ。

しかし、ベルリン・フィルを指揮することが決まってから、一〇代から三〇代まで一緒に時を過ごした友だちからメールや電話でお祝いの連絡が来て、「そういえば、佐渡はずっとベルリン・フィルを振りたいと言っていたもんな」とほうぼうから言われた。

僕自身はすっかり忘れていたのだが、そんなふうに僕は終始、周りに自分の夢や希望を口にしていたらしい。

そうして言葉にすることで、それを重しとして、自分で達成したいこと、目指すべきことを意識することが、夢をかなえていくためには意外と大切なプロセスなのではないかと思う。

言葉にすることはリスクを伴う。恥をかくかもしれないし、嫌われるかもしれない。しかし、それは自分にかける呪文のようなものだ。

松任谷由実がまだ二〇代のころ、「私は天才です」と言い切った。「この世で本当に正しいことなんか何もない。はっきりと断定したことが真実になる」と。そして「私は天才だと言っていたら、最近、本当に天才になったような気がする」とも話していた。

たとえば子どものころ、プロゴルファーになりたいと思っていても、実際になれる人間はごくひとにぎりに過ぎない。ほとんどは会社員になったり、家業を継いだり、主婦になったりする人生を送るのだろう。その意味で僕は間違いなく幸運な人間に属する。

しかし、たとえ夢とは異なる仕事に就いていたとしても、子どものときの自分にとって、今の自分が誇らしく見えているかどうか、カッコよく映っているかどうか、それこそが本当は大切なのだと僕は思う。「プロゴルファーになりたい」と、憧れたときの自分に誇れる姿が今あればいい。

今日、演奏をした。うまくいった、いかなかった、それはもちろん自分で判断できる。客席の反応は気にするが、評論家がどういう評価を下すのかはどちらでもいい。

しかし、もしも小学五年のころの自分が客席にいたとして、彼が「つまらない」と思うような演奏会は絶対にしたくない。

今日の演奏が、客席にいる少年佐渡裕に誇れる演奏かどうか。それは演奏会の善し悪しを判断するときの、僕の中で決して動かない基準としてある。

## 可能性がゼロでなければあきらめない

若いころは、ベルリン・フィルの指揮をするということの意味も何もわからずに、ただ自分の夢を口にしていた。ところが、実際にヨーロッパで指揮をするようになってから、それは目標として目指すような距離にはなく、月よりも遠いところにあることがわかってきた。しかし、だからといってあきらめることはなかった。

僕はただ、後ろ盾もマニュアルもなく、一人で屋台を引っ張るようにしてやってきた。成功するという確信もなく、だからといって失敗してもいいやという開き直りもなく、ただ無我夢中だった。

無我夢中で、成功と失敗が両天秤にかかっているように、いつもドキドキしていた。新しいものに挑むたびに「頑張れよ」と自分で声に出して言ってきた。

日本に帰れば十分食べていくことができたが、帰ろうとは思わなかった。ヨーロッパでオーケストラを振って暮らしていける可能性が少しでもあるのなら、そこに挑戦してみたかったからだ。

言葉が通じなかったり、孤独を感じたり、緊張したりという負の材料はいっぱいあった。でもよろこびにしろ、苦しみにしろ、自分の中で目覚めてくるものが、すべて指揮をすることから生まれてくるのが何よりもうれしかった。

なぜなら、僕は指揮者になりたかったのだから。そして、クラシックの本場ヨーロッパで指揮ができているのだから。指揮が好きで仕方がなく、苦しいと思ったことは何度もあるが、指揮がいやになったことはなかった。

僕がもしかしたらベルリン・フィルの指揮台に立てるかもしれないと思ったのは、四〇歳を過ぎてからのことだった。

バイエルン放送交響楽団やパリ管弦楽団といったヨーロッパの名門オーケストラの指揮をするようになってから、ベルリン・フィルが射程圏内に入ってきたといってもいい。

実際にベルリン・フィルから「ピンチヒッターでアバド（クラウディオ・アバド。カラヤンの後任）の代わりに定期演奏会の指揮台に立ってほしい」という打診を受けたこともあった。結局、都合がつかずに、三度ほどめぐってきたチャンスが実現することはなかったが、その間も僕はベルリン・フィルを指揮したいと公言し、著書にも書いてきた。

目指すところに、たとえ一瞬でもわずかな光が見えたなら、そこには必ず道が通じているはずだ。可能性がゼロではないのだったらあきらめないでいようと思った。

ベルリンにマンションを借りたのも、そのためだった。ベルリン・フィルの指揮台に立ちたいと思うのならベルリンに住み、その音をできるだけ聴くべきだと思った。さまざまな指揮者の練習を見せてもらおうと思った。

引っ越しの初日、以前から通っていたお寿司屋さんに行くと、小澤征爾先生と偶然にも出くわして、時間を気にせず、ゆっくりお話をすることができた。「明日も来い」と言われて、当時のベルリン・フィルのコンサートマスター、安永徹さんともお話できた。

ベルリン・フィルを聴き、街のオペラハウスへ足を運んだ。

引っ越しをしてから五カ月後に、ベルリン・フィルからオファーが来た。

二年半の間、実際にマンションに暮らしたのは一カ月にも満たなかったと思うが、しかし、それは自分の中の「重し」として大きなはたらきをしたように思う。

しかし、この話にはおまけがついている。実際にベルリン・フィルの演奏会を迎えた時期は、マンションの改修工事に重なり、部屋は使えなかったのだ。

## 音楽に仕える世界最高峰のオーケストラ

演奏会がうまくいくかどうかは、ほとんどリハーサルで決まると書いた。しかし、本当の勝負は、それを基礎に本番でどれだけのプラスアルファが出せるかで決まる。

理屈ではなかなか説明できないが、そのプラスアルファで、オーケストラと聴衆が音楽を通してつながり、みんながよろこびを分かち合う瞬間が訪れる。

たとえば、バーンスタインがかつてマーラーの「交響曲第六番」を振ったとき、演奏が終わっても会場の拍手が起こらなかったことがあった。客席から聞こえてくるのは、すすり泣く声だけだった。僕も拍手をしたくなかった。時間が止まってほしいとさえ思った。

時という川の流れの中で、人の一生とはこの世に生を享《う》けて、やがては消えてゆく小さな波のようなものだ。バーンスタインが一九九〇年に七二歳で亡くなったとき、これだけ巨大な才能に恵まれた偉大な人物の一生も、次々と生まれては消えてゆく波の一つでしかないのだと痛みとともに悟った。

しかし、その小さな波の中で、わずか一秒にも満たない時間が永遠に人の記憶に残ることがある。バーンスタインは多くの人々の心の中に、いつまでも残る瞬間をつくった音楽家だった。

人のいのちだけでなく、音のいのちもまた生まれては消えてゆく。それを繰り返して音楽ができる。だから、音楽をすることは、いのちを扱っているようなものだ。

音楽もまた時間の中にある。演奏は一回だけしかなく、奏でられた音はもう消すこともやり直すこともできない。だからこそ、美しくてはかない。

そういう奇跡の瞬間は、クラシックの演奏会でそうそう起こることではないが、バーンスタインのコンサートではそれが実際に起こっていた。何十回に一回しかないその一回が、指揮者、オーケストラ、聴衆にとって至福の時間となる。

そのとき、僕は指揮をしながら音楽の神様のすぐそばにいることを感じる。その瞬間のため、僕は子どものころからコンサートに通い、今、こうして指揮をしている。

ベルリン・フィルを指揮したとき、その瞬間が最終日である本番三日目に訪れた。その日、僕はリラックスして演奏に臨もうと、朝からゴルフに出かけた。名門オーケストラを前に、僕はアクセルを最後まで踏み込んで、フルスロットルの状態で加速した。すると、想像をはるかに超えるスピードが出た。抜群にうまく、そして創造的なオーケストラだった。

特別な体験だった。そのとき、自分が指揮をしていながら指揮をしている感じが失われ、未体験のゾーンに入っていった。ステージ上の全員の頭の中で鳴らしている音に演奏が導かれたようになって、ただただ頭の中には音だけが鳴っている。何もかもが集中して音を感じている時間がずっと続いていき、次第に自分自身の姿も見えなくなっていく。ベルリン・フィルが演奏している姿さえも消えていった。

オーケストラを含めて会場にいる二五〇〇人ほどの人間が、音のためだけにそこに向かっている。その幸福感に包まれながら、どこまで行くのかという恐れもあった。

張りつめてはいるけれども、体は疲れず、頭ははっきりして冷静だった。そのよろこびに包まれている感激が、まだ曲が終わっていないのに体の奥底から湧き上がってきた。そこにいる人間のすべてが最高の音を味わうためだけに存在していて、途中から涙が止まらなくなった。

最後の重厚なティンパニの音が響いたその瞬間に、僕は祈りのポーズをとっていた。

五角形のホールの真ん中に立って指揮をしているうち、聴衆や楽団員が指揮者に何を求めているのか、僕はようやく気がついた。それは、ただ音楽のためにそこにいればいいということだった。

そして、楽団員たちがはっきり示したのは、音楽のためなら何でもするという音楽家としての献身的な態度だった。そのとき、僕は「世界最高峰のオーケストラ」の意味を知った。彼らは音楽に仕える人間であり、そのことに誇りを持つ人たちだった。

## 音楽のよろこびの絶対基準

演奏が終わって、何回もカーテンコールを受けて、オーケストラが解散して舞台をはけた後も拍手が鳴り止まなかった。ステージマネージャーに、

「この拍手はマエストロのための拍手です」

と言われた。半分着替えていたが、もう一回上着を着て、オーケストラがいなくなった舞台に信じられない思いで一人戻った。拍手がいっそう大きくなった。感激が胸にせり上がって涙になった。

ただ、音楽をつくる幸福感の中にいた。

でもこれはベルリン・フィルだから味わえた幸福感ではない。

僕は京都の芸術大学を卒業後、地元のママさんコーラスや女子高校の吹奏楽団の指揮者をしていた二〇代のころのことを忘れることができない。

楽譜を読めないおばちゃんたちと「赤とんぼ」や「夏の思い出」を何カ月もかけて練習した。コンクールの金賞を目指して、音楽の知識も技術も未熟な女子高生た

ちと特訓を重ねた。

練習に行くだけで幸せだった。みんなで一緒に音楽をつくりあげていくときの充実感、少しずつでもうまくなっていくときのよろこびは、僕の体全部の細胞が鮮やかに覚えている。

あのときの幸福感は、僕の中で確かな座標軸になっている。

同じよろこびがほかの楽団や合唱団を振っていても、自分の中に躍動しているかどうか。世界最高峰とされるオーケストラでも得られるのかどうか。それが僕の夢であり、挑戦だったのだ。上手に演奏するだけのベルリン・フィルなんてつまらないではないか。

そして、ベルリン・フィルでもあの幸福感を味わうことができた。いや、今まで味わったことのない最高の幸福感を得た。僕はそれを確かめることができた。そのことが何よりもうれしかった。

もしも佐渡裕少年がベルリン・フィルの客席にいたら、きっと熱い拍手を送ってくれたに違いない。

あのとき得た幸福感をこれから自分がどんな場所で追い求めていくのかが楽しみ

だ。これからまた、ベルリン・フィルの指揮台に上がることになるだろう。初めて指揮台に上がったときよりも、今のほうが強くそのことを思っている。

# 第四章　「第九」の風景

## 音楽は何のためにあるのか

音楽は何のためにあって、人間はなぜ音楽を求めるのか。

そんな僕の問いに一つの答えをくれたのは、ベートーヴェンの「第九」だった。

正確に言うと、「交響曲第九番ニ短調 作品125」。第四楽章に四人の独唱と混声合唱を導入しているため、「合唱付き」と書かれることが多い。

日本でこそ年末の風物詩になっているが、欧米ではオーケストラの団員であっても一生に一度演奏するかしないかの大作である。古典派以前の音楽を集大成し、ロマン派音楽の先駆けともなった記念碑的な労作とされ、創立五〇周年を迎えたオーケストラが記念に演奏するような、とっておきの曲といっていい。

だから、海外では大ベテランでも「第九」を一度も指揮したことがないという指揮者は少なくない。ところが、僕の場合はどういう巡りあわせか、すでに一五〇回以上は指揮してきた。おそらく世界で最も「第九」を振っている指揮者ではないだろうか。

演奏するたびに、僕はこの「人類最高の芸術作品」といわれる「第九」と格闘した。そして格闘するごとに新しい発見をした。

僕と「第九」の関わりを紹介しながら、音楽が社会に対してどういうはたらきを持つのか、人間が音楽を変わらず愛してきたのはいったいなぜなのかについて考えたい。

## 世界遺産のような存在の「第九」

僕は子どものころから「第九」が大好きだった。当時、自宅にあったレコードはカラヤンとベルリン・フィルのベートーヴェン交響曲全集だ。

ベートーヴェンが楽聖と呼ばれ、交響曲の中でも「第九」が最高峰に位置することは、どこからともなく聞いて知っていた。第四楽章に出てくる合唱の歌詞の意味はわからなかったが、とにかくそのスケールの大きさと迫力に圧倒された。

年末になると、京都市交響楽団が演奏する「第九」を自分で聴きに行ったし、合唱団に入って歌ったことも何度かある。

指揮者として初めて「第九」を振ったのは大学生のときだ。京都市立芸大の在学中に仲間とオーケストラをつくり、「第九」を指揮する練習をした。

指揮者への道を歩み始めてからは、バーンスタインと小澤征爾という二人の巨匠が「第九」を指揮する際に間近で学ぶという、今考えても貴重で贅沢な体験をした。

特に印象的だったのは一九八九年、「ベルリンの壁」崩壊を記念したコンサートでバーンスタインが、東西ドイツ、アメリカ、フランス、イギリス、ソ連(当時)から集まった混成メンバーのオーケストラで「第九」を指揮したときだ。このとき、第四楽章「歓喜の歌」の歌詞の「Freude」(フロイデ・歓喜)を「Freiheit」(フライハイト・自由)に置き換えて歌ったことはよく知られている。

僕はブザンソン国際指揮者コンクールで優勝し、日本でのデビューコンサートのために帰国していた。全世界に中継された衛星テレビでコンサートの様子を見ながら、僕は震えるような感動を覚えた。

その後、バーンスタインはチェコで開催された「プラハの春音楽祭」でも「第九」を指揮した。このことからも、やはりヨーロッパの人々にとって、「第九」は世界遺産のように特別な存在であることがわかる。

一九九〇年以降、僕は集中的に「第九」を指揮する機会に恵まれることになる。新日本フィルハーモニー交響楽団と年末に「第九」を年間七本ほど指揮することになった。九三年からは日本センチュリー交響楽団と大阪のザ・シンフォニーホールで「21世紀の第九」というシリーズを二〇一〇年まで続けた。そして、一九九九年から〈サントリー「1万人の第九」〉の総監督として、毎年「第九」の譜面と取り組むことになった。

## ベートーヴェンの自筆譜から読み取れること

ベートーヴェンが実際に書いた自筆譜のコピーというのが出版されている。それを見ると、ベートーヴェンの書いた譜面は殴り書きのようでとにかく汚くて、五線譜から大幅にはみ出したり、余白にはところどころ赤鉛筆の大きな字でさまざまな書き込みがある。感情のたかぶりにしたがって筆跡が変わっていき、どうしても書きたいという情熱に満ち溢れているのがわかる。

ベートーヴェンのほかの交響曲を指揮するときも、なるべく手書きの譜面に戻るのだが、譜面を読んでいると、どんどんこの作曲家を丸裸にしているような気分になってくる。

たとえば、楽譜の中には恋人のことを考えて思いわずらっているベートーヴェンがいたり、大自然の中で恍惚となっているベートーヴェンもいたりするように感じる。そうすると、学校の音楽教室で見た、あのもじゃもじゃ髪でクソまじめな顔をしたベートーヴェンとはまた違うイメージがどんどん広がっていく。

交響曲第六番「田園」は、田舎の田園風景を描いた、穏やかで幸せに満ちた曲だが、当時のベートーヴェンは聴覚障害がどんどん深刻になっていた。楽曲の中の小鳥のさえずりや小川のせせらぎは、実際にはおそらく聞こえていなかっただろう。だから嵐の恐ろしさも感じることはできなかったはずだ。

音楽家としての自分の将来が暗闇に閉ざされそうなときに、あの幸福感に満ちた曲を書いたのかと思うと、田園交響曲はかえって深いかなしみのシンフォニーにも聴こえてくる。

そんなふうに曲が生まれた時代背景を研究し、作曲家が過ごした場所を訪ね、自筆の譜面を間近に見る。知れば知るほど、あるいはこちらが音楽家としての経験、人生の経験を積むに従って、ベートーヴェンのより深い精神性をのぞくことになる。そして、同じ作品がこれまでとは別の陰影を刻んで聴こえてくる。

全世界の人々に伝わる大きさと力を持つベートーヴェンの作品の中でも、「第九」は発想の規模がまったく違う。

四人のソリストと合唱の導入だけではなく、トロンボーンやピッコロといった新しい楽器の使用や大規模な編成、一時間を超える演奏時間、楽章が持つ性格の変革など、当時としては、それ以前の交響曲の常識を打ち破った斬新なアイデアに満ちていた。

ベートーヴェンが音楽の教育を受けたのは、ハイドンやモーツァルトの時代だったが、その枠の中では、どうしても自分の言いたいことが表現できなかった。

つまり、古典のヴォキャブラリーでは自分の思いが伝えられず、ベートーヴェンはいわば思いあまって「第九」を書いている。スタイルは古風でも、全体を通してそこからもっとはみ出して行きたいというエネルギーを強烈に感じるのだ。

そして、溢れる自分の思いを伝えるためには、シラーの詩「歓喜に寄す」の中の言葉を必要とした。

第一楽章から第四楽章を貫くテーマは、人はなぜ生きていくのか、人生の真理とは何かという、非常に深遠でありながら、それでいて人類全体に関わる普遍的な問いである。ベートーヴェンは自らの集大成ともいえるこの作品で、それに対する答えを出そうとした。

## 聴衆の心にサプライズを起こす天才

ベートーヴェンの作品の奥行きは、とてつもない深さをたたえているにもかかわらず、並べられた音の組み立て、音楽の構成について難解なところは何もない。その明快さはむしろ無骨とさえいえる。

たとえば、「交響曲第五番〈運命〉」の冒頭、ジャジャジャジャーンというクラシック史上最も有名な動機（モチーフ）が、四〇分をかけて行き着くところは、ドミソという最も基本的な和音で成り立っている。

これは一つの例に過ぎないが、ベートーヴェンの交響曲には、そうしたシンプルでありながら驚きに満ちた壮大な音の建築物に、オーケストラ全体が全力で向かっていくような快感がある。

考えに考え抜かれた楽譜であることを知って練習しながらも、いざ本番の演奏会で披露するときは、子どものころに友だちと「何かやろうぜ」と企てたことを実行するときのような興奮が、あるいは仲間とバンドを組んで学園祭の舞台に初めて立つときのような華やいだ緊張感がいまだにある。

ベートーヴェンは聴衆の心にサプライズを起こす天才だった。サプライズは、彼の音楽の本質に関わる要素だ。

音楽には法則がある。水が上から下に流れるように、あるハーモニーの次には特定のハーモニーが来る。音にも重力の法則があって、上昇してテンションが上がれば、必ず先で下に落とす。あるいは上げるだけ上げたところで意図的に止める法則もある。

作曲家はそうした法則を縦横に使って自分の音楽世界を表現することができる。チャイコフスキーはこの法則を自由に使いこなした代表的な作曲家だろう。

作曲家ごとに用いる法則に特徴がある。今なら音楽理論を身につけてコンピューターを使えば、簡単に「モーツァルト風」の曲をつくることができるだろう。

しかし、優れた作曲家には音楽理論には決して収まりきらない「何か」がある。たとえばそれは、従来の音楽の法則をあえて侵し、それによって聴く者にサプライズを起こすことである。

ベートーヴェンのサプライズの象徴が「運命」の出だしだ。ほとんどの曲は指揮者が腕を振り下ろすその瞬間に最初の音が鳴るようにつくられている。ところがあのジャジャジャジャーンという「運命」の冒頭は八分休符から始まる。普通に聴いているとわからないかもしれないが、実はあの曲は「ん（休み）、ジャジャジャジャーン」なのである。

つまり、指揮者は休符に向かって腕を振り下ろすので、振り下ろした瞬間に音は鳴らない。そこにまずサプライズがある。

八分休符の長さだけ、奏者は音を鳴らすことを待たなければならない。待ったぶん蓄積されたエネルギーが次の瞬間に放たれて、あの爆発的、衝撃的なジャジャジャジャジャーンが生み出されるのだ。

フルトヴェングラーは、この出だしを雷雲がジリジリと帯電して、ついに雷が落ちるように爆発的に鳴らした。

もう一つ、「運命」の秘密は、冒頭のジャジャジャジャーンで二つの音しか使わないため、明るい調なのか暗い調なのか決定されないところにある。

曲全体の調性はハ短調（c-moll）の指示があり、基準になるC《ツェー》（ド）の音を第一楽章から貫いて第四楽章でハ長調となるが、第一楽章の冒頭だけ長調なのか、短調なのか見せていないのも一種のサプライズといえるかもしれない。

## ベートーヴェンを驚かせる音を出したい

ベートーヴェンが聴く者をびっくりさせる音楽をつくったのなら、僕はベートーヴェン自身をびっくりさせる音を出したい。

もちろん、ベートーヴェンが楽譜に記した音は限られている。二〇〇年以上前に書かれた楽譜に一個の音符も付け足すことは許されない。作曲家の意図についても二〇〇年の間に定着した解釈がある。それをどこかで超えるために僕は毎回、作曲家と闘うことになる。

これまで何百万回、何千万回と繰り返されている演奏の中の一回として毎回、僕も取り組むわけだが、「二〇〇年前のものだから価値がある」という骨董品のような演奏にはしたくない。今を生きている人間が聴いて面白いものにしたいのだ。

仮にベートーヴェンが自分の作品を指揮すれば、自分が意図した通りの音が鳴ったのかと問えば、おそらく鳴っていなかったのではないか。耳の不自由さだけでなく、腕がうまく動かないとか、奏者を引きつける力がないとか、さまざまな理由が考えられる。

指揮者はまず、作曲家の意図したことを再現しようとする。しかし、作曲家が思った通りのものが再現できたとしても、それだけでは満足できない。設計図を描いた人が想定した以上の感動、二〇〇年間演奏され続けながらもなお新しいもの、ベートーヴェンの作品にはそんな宝物が無尽蔵に眠っているような気がする。

「第九」には最低限の音しか使われていない。シンプルな石のかけらを緻密《ちみつ》に計算しながら、たくさん積み上げて音の大聖堂をつくっている。いわば精緻な職人技だ。そこがベートーヴェンの面白さであり、その面白さを味わえるかどうかで、出来上がった音楽の風景は変わる。

ベートーヴェンはこの交響曲に「歓喜に寄す」という詩を選びながら、調性はd-moll、すなわちニ短調を指示した。第一楽章もニ短調から始まるが、この調性は前に述べたように「死」や「かなしみ」「地獄」などを暗示するとされる。

これは、たとえば宗教画における色や配置が何を示すか、さまざまな暗黙の約束事があるようなものだ。モーツァルトのオペラ「ドン・ジョバンニ」で、地獄に堕ちる音が鳴るときはニ短調である。

ニ短調がなぜ「死」を意味するのか。

長調を構成する音に人間が等しく明るさを感じるように、人類が自然の中で本能的に感じとるものがある。調性の意味は、そんなふうに自然と密接にリンクして決まっていると思う。

たとえば、僕だけに起こる現象なのかもしれないが、完全に静かな場に身を置いたとき、そこには音が鳴っている。僕にはそれが聴こえる。シーンという音。A音《アー》（ラ）と、その倍音である五度上のE音《エー》（ミ）、ほかにもいくつかの音が鳴っている。

それはたぶん人類が誕生したときから、いやおそらく自然界の最初の音であり、その音が今も僕の頭蓋骨の中で鳴っているのだろう。

オーケストラでオーボエがA音でチューニングするのは、最も通りやすい音だからと一般的には説明されるが、僕の感覚だと、その音が自然界で最も振動し強く響いている、人間が基準に感じる音だからだ。

## 第一楽章——混沌から試練へ

「第九」は何回指揮しても驚きと感動に包まれる曲だ。譜面を開くたびに新しい発見があり、指揮するたびに違う景色を味わえる。しかし、自分の中で流れている基本的なアイデアは、最初に「第九」を振ったときから、実はそれほど変わっていない。

その輪郭を初心者にもわかる範囲でデッサンしてみよう。もし「第九」を聴いたことがなければ、今は動画配信サイトに全楽章がアップされているので、そこで確認しながら読んでほしい。

この曲の冒頭は不思議な音のうごめきからスタートする。

第一楽章はニ短調なので、一オクターブの音階はレから始まるが、冒頭では基音と第五音の組み合わせは、ニ短調ともニ長調とも受け取ることができる。

ここに第三音が入ることで調性が生じて立体的になるのだが、その意味では平面的だ。第三章の冒頭で東洋と西洋の音のつくりの違いを述べたが、その文脈でいえばここは何か東洋的な雰囲気を持つ。

短調と長調、どちらの世界をも含み込む、あるいは何か世界がまだ見えていない混沌とした宇宙のようなものを感じる。宇宙の暗闇にエネルギーが凝縮し、ビッグバンが起こって地球が生まれる。それを遠くから眺めているような神秘的なイメージである。

第一主題はフォルテシモで「♪レラー」と、〈レとラ〉二つの音からなる激しいテーマが鳴り響く。一オクターブの八つの音が真ん中で真っ二つに割られたような衝撃と厳しさ。そこには神が与えた過酷な運命に立ち向かっている人間の強い意志を感じる。ここで初めてニ短調であることが示される。章を通じて威厳のある音楽が鳴る。

時折、違う調性で明るい音が雲間から射しこむ光のように鳴るが、これは第四楽章の「歓喜の歌」のメロディーへの導入・暗示で、まだ憧れでしかない。光が見え隠れしながらも、「起きていることは宿命的な試練である」という大きなテーマが立ち上がる。

## 第二楽章――肉体的な快楽

第二楽章では、オクターブの両端の〈レとレ〉、〈ラとラ〉という最も離れた音同士が、激しいリズムを伴って肉体的な音楽を繰り広げる。ここで活躍するのはティンパニだ。スポーツやダンスのように野性味溢れる肉体が自由に飛び跳ねている。運動的、解放的、暴力的、身体的、性的な世界だ。人だけでなく、動物も小さな虫たちも動き出し、花は咲いて、草や木もグングン空を目指して伸びていく。地球のマグマまで動き始めるような、森羅万象の生命力を感じる。

その後、一転して第二テーマは、〈レとラ〉をつなぐ隣同士の音が行ったり来たりするメロディーが繰り広げられる。川が流れる田園風景が広がっているような雄大さ、太陽の光が射してくるような穏やかなメロディーラインもあり、人の心にさまざまなイメージを蓄積させる。

ここも、これから我々が行くだろう第四楽章の理想のメロディーへの予感を感じさせる。

## 第三楽章――恋愛、隣人愛、人類愛

隣同士の音を使った前奏にエスコートされ、〈レとラ〉から始まるメロディーで第三楽章は始まる。その響きは神々しくおごそかに現れる。ホルンが天からのメッセージを届けるように鳴るところがあり、そこにはミ（♭）が使われている。

こうした安らぎや平安をたたえた音は♭を持った調性、特にミ（♭）で表される。この音は「神様の音」の象徴として宗教音楽にも使われる。

ヨーロッパの宗教画に使われる金色、日本でいえば仏像のまわりの後光、そういった神がかりなオーラを表現するときに登場する音で、モーツァルトの歌劇「魔笛」やベートーヴェンの「ピアノ協奏曲第五番〈皇帝〉」にも使われている。

セカンドテーマには、ファ（♯）から始まる隣同士の音でつくられた美しいメロディーが現れる。〈レとラ〉のちょうど真ん中のファ（♯）が、二つの音をつなぎ合わせるように加わってくる。

隣同士の音を大事にする。それは、人と人とが優しく言葉を交わすようでもあるし、肌が触れ合っている感じもする。語られているのは愛であり、恋人同士の愛情を考えてもいいし、自分の最も身近な家族や友人の愛、人類愛も感じる。

## 第四楽章――単純な旋律に乗せたメッセージ

「第九」交響曲の最も重要な特徴は、交響曲に初めて人の声、すなわち歌が登場したことだ。そして同時に、第四楽章にこれほどまでに重きが置かれた交響曲もこれまでになかった。第一楽章から第三楽章のすべてが、この第四楽章に向かって書かれているといっても過言ではない。

第四楽章は部屋の中を思いきり散らかしたような不協和音で始まる。そして管弦楽が第一楽章から第三楽章のメロディーの断片を繰り返し、回想する。

第一楽章で示された、過酷な試練に立ち向かう強い意志。

第二楽章で繰り広げられた肉体的快楽。

第三楽章で奏でられた愛。

けれど、これらだけでは求めていた真のよろこびには辿り着けない。

そして冒頭に現れた不協和音を否定するようにバリトンのソリストが、

「おお友よ、このような音ではなく、もっと快い、そしてよろこびに満ちた歌を歌い出そうではないか」

と第一声を上げる。

第一楽章から暗示され、憧れ、予感させていた「歓喜の歌」のテーマはファ（♯）から始まる。〈レとラ〉の間を行ったり来たりして結びつけるファ（♯）は、人と人の絆を表す音である。国境、宗教、人種を超え、地球規模でまったく異なる考えを持った人間同士をつなぎ合わせる。

そして「歓喜の歌」の誰もが口ずさむことのできるメロディーは、わずか五つの音だけでできている。リコーダーでいうと片手を動かすだけで吹けるほど簡単なメロディーだ。この単純さにこそベートーヴェンの重要なアイデアが宿っている。

つまり、誰もが口ずさめるこのシンプルなメロディーによって、全世界の人々は「歌える」「歌おう」「歌いたい」という気持ちに導かれる。それこそベートーヴェンが、このメロディーに込めた狙いだったと思う。

ベートーヴェンは階級差別や貧富の差が激しい時代に「みんなが一つになるべきだ」と歌うシラーの詩に出会って共感した。この詩をメロディーに乗せて歌えば、多くの人々がこのメッセージを受け取ってくれるに違いないと考えて曲をつくり始めた。

もともとこの「歓喜の歌」のメロディーは、ベートーヴェンが二〇代のころに書いた「相愛」という歌曲がもとになっている。二拍子で四部に分かれた歌曲を書き、書いては消し、書いては消しを繰り返し、それから三〇年近くかかって「第九」に結実させた。

ベートーヴェンは生涯に作曲した九つの交響曲で、ハイドン、モーツァルトがつくり上げてきた交響曲の定義を確立した。そしてこの「第九」で人の声を初めて採用したり、まるでオペラのようにさまざまなシーンを見せたりするなど実に破天荒ともいえる試みによって交響曲の新しい可能性を示した。

そして最も重要なのは、荘厳な交響曲に人の声を取り入れることで、作品のメッセージがより身近に聴く人のところに届くようになったということだ。

## 一人ひとりが主人公になってほしい

一九九九年から僕が総監督に就いた〈サントリー「1万人の第九」〉は、一般公募で集まったアマチュアの合唱団員一万人が毎年一二月、大阪城ホールで「第九」を演奏する。関西らしいこの壮大なコンサートは、毎日放送の企画・制作、山本直純指揮で一九八三年から続いていた。

この「1万人の第九」というプロジェクトには膨大な時間と労力を要する。

通常オーケストラの定期演奏会のパターンというのは、三日間練習して、一回か二回の演奏会を開く。しかし、「1万人の第九」の本番はたった一回のためだけに合唱の新人は八月から一二回、経験者にも最低六回のレッスンを義務付けている。そのうえで僕自身が千人ずつの合唱を一時間半かけて合計一〇回練習する。オーケストラの練習も三、四日間やる。

それだけ時間と労力を費やしながら、長年続けている最も大きな理由は、この「1万人の第九」が、ベートーヴェンの作品の核心に触れるきっかけになったからだった。

ベートーヴェンは、ヨーロッパで生まれ発展したクラシック音楽のいわば象徴的存在である。ヨーロッパ生まれでありながら、その音楽の感動は地球の裏側に生きる我々も含めてみんなのものであることを、僕は証明したかった。

一万人の中には楽譜を読めない人もいる。いやむしろ、小学生から九〇歳を超える参加者の大半は、ふだんオタマジャクシには縁のない人たちだ。しかし、音楽をやるのに楽譜が読めるかどうかは関係がない。「1万人の第九」で大事になるのは、まず演奏会に臨む姿勢である。

最初はみんな「私一人くらい歌わなくても大丈夫だろう」という気持ちで参加する。しかし、それでは苦労して一万人でやる意味がない。一万人が冷めて歌っている光景ほど、ぞっとするものはない。だから僕は練習のたびに、「ガラガラ声もキンキン声も全部受け入れるから、一人ひとりが主人公になってほしい」

と訴えてきた。

「一人ひとりの名前を持った音をつくりたい。山田さんなら山田さん、鈴木さんなら鈴木さんの声がほしい」と。

しかし、問われているのは僕自身でもあった。

一万人に自分の思いを伝えるためには、自分の中に強固な核を持っていなければならない。夢中で音楽と向き合っているか。理想の音をつくろうとしているか。その確信とともに、自分の思いを伝える飾りのない言葉、シンプルな表現が必要になる。なにしろ会場では、いちばん遠くで八〇メートルも離れた合唱団員に僕の気を届けなければならないのだから。

厳しい現場であることが、実際にやってみてわかった。僕が気を発すれば発するほど、その気が一万人に吸い取られていく。でも新しい気がどんどん湧いてくる。そしてまた僕が気を投げかけると、一万人からグワッと気が返ってくる。それを受け止めるのがまた大変だ。

初めての演奏会が終わった後、僕はぶっ倒れた。体重が七キロ減っていた。心身ともに限界だった。

## 一万通りの人生を響かせる

一回だけと思って引き受けた仕事だった。お祭り騒ぎだと思っていたイベントが、扉を開けるとまったく違っていた。やってみると何とも言いようのない、温かなものが胸の奥まで広がったのだ。

「歓喜の歌」はシンプルなメロディーでできていると書いたが、「第九」の四楽章全曲を歌うとなると、かなりの難曲である。しかもドイツ語という言葉の壁がある。

この舞台に立つためには、その年の夏から、たとえば仕事の合間を縫って、たとえば受験勉強の中を、あるいは親の介護をしながら、欠かさず練習に出て、この大変な曲に立ち向かわなければならない。

一万人それぞれが自分なりに、この一年間を懸命に過ごしたに違いない。そうしてなんとか大学に合格できたとか、無事健康に過ごせたとか、あるいは恋人ができたとか、年齢も職業も経験もバラバラな一万人が、自分自身が実感できるよろこびを思いながら「歓喜の歌」を歌い上げる。文字通り一つになって、「フロイデ」という言葉を口にする。

一万人がただ集まって歌う場ではなく、一人ひとりが自分の人生をひっさげて、一度きりの本番に臨んでいる。亡くした奥さんの遺影を持って舞台に立つ男性もいれば、臨月のおなかを抱えて歌う若い母親もいた。孫と参加するおじいちゃん、おばあちゃんの笑顔もあった。

そんな普通の人たちがそれぞれの人生を背負いながら集まって、ともに心を震わせながら、とても創造的な音楽を生み出した。その達成感を胸にそれぞれが生活する場に戻り、明日からの日常をまた誇らしく生きていく——。

世の中には暗いニュースが日々溢れているが、「人間、捨てたもんじゃない」と心から思えた。

一万人それぞれに違う人生を響かせてつくる音楽だ。だから合唱に参加する一万人は、本当はタキシードとドレス姿ではなく、それぞれ自分が誇りに思う格好で歌ってほしい。消防士は消防士の格好で、看護師は看護師の格好で、エプロン姿や学生服もいいと僕は思っている。人が本当に誇らしく思える姿は人によってまちまちであることが、ひと目でわかるだろう。

「歓喜の歌」には行進曲が登場するが、フランス革命における民衆のパワーを信じていたベートーヴェンが思い描いていたのは、軍隊のように一糸乱れぬ行進ではなく、足並みが揃わなくても、一人ひとりが自分の力で力強く歩く姿だったに違いない。

「1万人の第九」では僕の発案で、男声合唱の行進曲の部分を特別なやり方で毎年練習するのが恒例となっている。リハーサル会場でたまたま隣り合わせた人同士が肩を組み、僕もその列に加わってみんなで体を揺らし、掛け声をかけるようにこの部分を歌いあげるのだ。七歳の男の子も、七〇歳のおじいちゃんもみんなが同級生のようになって、自由に、誇らしげに見える。こんな姿をベートーヴェンはきっと夢見ていたに違いない。

## 「音を楽しみたい」という欲求に火をつける

一万人と対面しながら、僕は自分自身が音楽に対してより純粋に、より透明になっていく心地よさを覚えた。それはこれまで味わったことのない感覚だった。自分らしいベートーヴェンを、この「1万人の第九」でつくることができると感じた。回を重ねるたびに、僕はさまざまな発見をし、学び、経験することになった。

たとえば、合唱の歌い出しにある「Deine Zauber」（ダイネ・ツァウベル）という言葉は、直訳すれば「神々の魔力」「神の不思議な力」となる。そしてこう歌う。「その不思議な力によって、すべての人は兄弟になる」

この「不思議な力」を僕は「一人ひとりが与えられている力」のことだと理解するようになった。特別な力ではなく、優しさや明るさ、たくましさ、子どもたちの純粋な笑顔も一つの力だ。

一万人の人がただ一括りになって一緒に歌っているのではなく、一年分のドラマを抱えた一万人の主人公たちの存在を感じて、一人ひとりの表情が見えるような「第九」をつくりたいと思うようになった。一人ひとりの力が集まって、まさにこの「第九」はつくられている。

だから合唱には気取ったオペラ歌手のような声はいらない。人間一人ひとりの意志を持った肉声が必要になる。一人ひとりの生命力溢れる声を導き出す必要がある。

音楽は「実体感」があればあるほど、その面白さがわかりやすくなる。僕のいう実体感とは、頭ではなくて体の筋肉細胞のレベルで理解したり感動したりするものだ。演奏するときに、その実体感が具体的に伴うほど、音楽をやる面白さを自分のものにすることができる。

声という自分の体を使って音を出す合唱は実体感を伴いやすい。合唱の練習では、肩を組んで歌ったり、手をつないだりして、体を動かして体に訴えていく方法をどんどん取り入れた。

第四楽章で男声合唱がフォルテで発する第一声「フロイデ」。歌い出すには勇気がいる。声を揃えて出るのはとても難しい。それを合わせるために、腕を差し伸ばしたり、つないだ手をギュッと握ったり、ジャンプをしたりする。

「フロイデ」という歌詞は、のどと唇の発声によって空気が振動すれば発することができる。だから手も腕も関係がないといえばない。しかし、のどや唇以外の筋肉をあえて使うことで、全身で音とビートを感じる身体感覚を養っていくのである。

「歌いながら手を広げて」。そう指示することで、何のために手を広げたかという想像力を刺激する。手を広げたことによって自分の体と音はどう変わったか。そこに感覚を向けさせる。

こうして自分の発した声が明らかに変化して前よりも大きくなっていたり、自分が出した「フロイデ」が立体的に響いていることを一人ひとりが実感できる。歌うことのよろこびを体感し、誰もが本能として持っている「音を楽しみたい」という欲求に火をつけていくのだ。

ただし、この一万人は、ただ声を合わせるために集まったわけでない。

もちろん、みんなで必死になって声を合わせることに力は尽くす。しかし、本当に大切なことは、小さな子どもからおじいちゃん、おばあちゃんまでが一緒になって音楽をつくるということだ。一緒に音楽をつくりながら、ここで生きているということだ。

## すべての人に向けてつくられた曲

「1万人の第九」を始めた一九九九年、僕はこの年末恒例のイベントをベートーヴェンの音楽の核心に迫るコンサートに変えるため、練習方法やオーケストラ編成を大きく改革した。練習時間を大幅に増やし、オーケストラの人数は半分以下に減らした。それだけで格段に音が良くなった。

二〇一三年一二月の第三一回公演では、さらに大きな挑戦をした。「1万人の第九」はスタートから三〇年間、大阪城ホールの楕円形の会場を横長に使っていたが、この年、初めて縦長に使ったのだ。

「1万人の第九」は、まず音楽を通した祭典である。音楽的に改善できる余地があるのなら、あきらめずに挑んでいく姿勢を失いたくなかった。三〇年間の遺産を引き継ぎながらも、既成概念にとらわれずにゼロから考え直したかった。

考えてみれば、一万人の一般市民、それもほとんどがアマチュアである一万人が全国から集まって「第九」を一生懸命歌うことなど、世界を見回しても日本だけでしか見られない光景だろう。

ドイツとフランス共同出資の番組制作会社「アルテ」が、「1万人の第九」のドキュメンタリー番組を二〇一一年の大晦日に放送したところ、現地で大きな反響を呼んだ。その影響からか、「1万人の第九」の演奏会に、わざわざフランスから来る観客もいる。

ヨーロッパの人たちにとって、「第九」がこんなかたちで日本人に親しまれていることなど、到底考えられなかったに違いない。

想像してほしい。たとえば歌舞伎でも落語でも、日本人がとても大事にしている伝統文化の作品を、地球の裏側の人たちが慣れない外国語を覚えながら必死になって毎日練習をしている姿を。「1万人の第九」とは、つまりそういう事態なのではないか。

そこでは、およそクラシックとは関係のなさそうな小学生から老人までが、勉強、仕事や家事と両立させながら夢中になって練習し、歌っている。

ドキュメンタリー番組では、「1万人の第九」に一家四人全員で参加した家族や、東日本大震災の被災地からの参加者を追っていた。

ヨーロッパの人々は、自分たちが生み出した作曲家の偉大さを再確認したに違いない。同時にこのことは、ベートーヴェンの作品が、ただヨーロッパの人たちだけのものではないということの証でもある。

ベートーヴェンが生きた時代、つまり一八世紀後半から一九世紀初めの四半世紀は、貴族階級が没落し、市民が台頭する激動の時代だった。

その中でベートーヴェンは、それまでの宗教音楽や宮廷音楽とは違う、一般民衆が聴くための作品を発表した。一部の特権階級ではなく、すべての人間に向けて音楽をつくったといっていいだろう。

そしてこの「第九」交響曲では、手を結び、立ち上がる民衆の力強い姿をまさにテーマに取り上げているのだ。

## 「デュッセルドルフで第九を指揮してほしい」

二〇一一年三月一一日の東日本大震災の前後で、僕にとっての「第九」の位置づけは大きく変わった。それは僕の指揮者人生における大きなターニングポイントになった。

あの日、僕はイギリスから来日したオーケストラ、BBCフィルハーモニックとピアニスト辻井伸行さんとともに日本ツアーをしているさなかで、横浜のコンサートホールにいた。

前年の一二月にこの英国の名門オーケストラと録音を済ませたばかりの僕は、BBCフィルを日本に迎え入れ、凱旋公演で日本に紹介する立場にあった。しかし、演奏会は中断となり、メンバーは強制帰国することを余儀なくされた。僕の中で何かがガラガラと音を立てて崩れていく感覚を味わった。

その直後の三月一四日のことだった。ドイツのオーケストラから、「デュッセルドルフで第九を演奏したい。その指揮台に立ってほしい」との国際電話がかかってきた。三月二六日、デュッセルドルフ交響楽団とケルン放送交響楽団というドイツの名門オーケストラによる合同チャリティーコンサートの指揮をしてほしいとの申し入れだった。

その話を聞いたとき、すぐには返事ができなかった。あの大震災で僕は無力感に打ちのめされていたからだ。

こんなとき、音楽家にいったい何ができるのか。自分の仕事では、がれきの下から人を救い出すことはできない、食べ物を届けに行くこともできない、がれきを片付けることさえできない。「こんなときに棒きれを振り回して、自分はいったい何をしているんだろう」と思った。

たぶん、音楽家は多かれ少なかれ、同じような思いにとらわれたのではないだろうか。

阪神・淡路大震災から一〇年後に、復興のシンボルとして兵庫県立芸術文化センターが二〇〇五年に開館し、その芸術監督を任されていた僕は、災害や復興について考えさせられ、自分なりに向き合ってきたつもりだった。しかし、このときは譜面を開いて音楽に向き合うことができずにいた。

しかも指揮をしてほしいと言われた曲が「第九」だった。日本がこういう状態のときに「歓喜の歌」なんて演奏してもいいんだろうか――。

「第九」が意味するものが単なる「よろこび」ではないことは十分にわかっていても、震災直後の状況で演奏するには勇気が必要だった。

しかし、一八二四年に初演された「第九」は、一〇〇年、二〇〇年の歴史の中で災害や戦争といった人類の悲劇をも見据えながら演奏されてきた。「今だからこそ『全世界が兄弟となって手をつなごう』と歌っている第九を高らかに奏でよう」と日本とは遠く離れたドイツからあった申し入れは、何もできずにへこんでいた僕の背中を押してくれた。

僕は迷ったときは頭の中で楽譜を開く。答えは必ず音楽の中にあるから。僕は何度も演奏してきた「第九」にもう一度向き合ってみた。

「歓喜の歌」の中に「Brüder」（ブリューデル）、直訳すると「兄弟」という意味の言葉が何度も出てくるが、これは「友人」とか「家族」という言葉にも置き換えられると僕は思っている。

住む世界がさまざまな事情で分け隔てられている人が、「Deine Zauber」、つまり「神の不思議な力」によって手をつなぐことができる――「1万人の第九」の参加者と大事にしてきた言葉に行き当たった。ここに答えがあると思った。

デュッセルドルフにはヨーロッパ最大の日本人街がある。そこでは僕たちの先輩の日本人が、ヨーロッパの文化を真摯に勉強しながら日本の文化を伝え、友情を築いてきた。デュッセルドルフのオーケストラが日本のために「第九」を演奏したいという思いには、そんなことも大きな力になっていたと思う。

「歓喜の歌」は、人と人がつながって一つになることはとても大きなよろこびだと歌っている。それこそが、うちひしがれた日本に必要なメッセージなのではないか。知り尽くしているはずの「第九」のメッセージが、まるで光が差すように僕の心に響いてきた。

「音楽を通して勇気、希望、力を届けていこう」

僕はこの仕事を受け入れて、一歩前に進むことにした。

## 拍手の代わりに捧げられた二〇〇〇人の黙禱

チケットはまたたく間になくなった。

何度もドイツで指揮をしたし、幾度となく「第九」を振ってきたが、僕がドイツで「第九」を指揮するのは、実はこれが初めてだった。

チャリティーのコンサートだったが、オーケストラ約八〇人、ソリスト四人、合唱団約一四〇人で、総勢二三〇人近い出演者たちは、演奏会の意義に賛同して集まってくれた。

彼らとわずか二時間だけの練習を経て臨んだ演奏会だったが、これまで自分が背負ってきたプレッシャーとはまったく違う使命感を持って指揮台に上がった。懸命に振っていると、日本への祈りを捧げたいという演奏者たちの気持ちが伝わってきた。すると、今まで見えていた譜面とは、まったく違う譜面に見えてきた。生きることのよろこび、人類愛への賛歌だけではなく、感謝、かなしみ、苦しみ、痛み、怒り、憎しみ……こんなに多くの感情が自分の中で交錯した「第九」は初めてだった。

演奏を終えて、拍手の代わりに二〇〇〇人の聴衆が黙禱を捧げた。「人が人のことを思うとは、こういうことなんだ」と実感した。

「すべての人が兄弟となり、一つになることを歓喜と呼ぼう」という合唱を聴いた聴衆の内側にさまざまな感情が湧き起こり、一時間を超す時間を共有しながら、この地球でみんな生きていることを実感する。

演奏会を聴いた知らない人たちが隣同士で黙禱したり拍手をしたりして、音楽を通して人と人が今この時代に一緒に生きていることを確認し合う。

それを感じるだけでも大きな意味があるのではないか。それはこの交響曲の究極の味わい方かもしれないと思った。

東西ドイツの壁が崩壊したときに演奏されたのが「第九」だった。そして、日本で起きた大災害に対して世界の人たちが手を差し伸べて、より大きな「第九」が実現した。

街では僕を指揮者とは知らないおじいちゃんやおばあちゃんが、「日本人、頑張れよ」と声をかけてくれた。空港では税関やセキュリティーチェックをするおじちゃんまでが、日本人という理由だけで「Good Luck for Japan」と言ってくれた。日本と海外を行き来する一人として、いろいろな国の人たちが応援してくれたことを身に染みて感じた。

それまでは、いい音をつくり、多くの人によろこんでもらえるところに感動が生まれ、それが音楽の醍醐味だと思っていた。

しかし今は、音楽とは人と人が一緒に生きていることによろこびを感じる証であり、だからこそ人は本能的に音楽を求めるのだと思っている。

ドイツで演奏した「第九」は、これから自分がやらなければいけないことに気づかせてくれる大きなきっかけになった。音楽にできること、音楽が果たす役割について、僕なりの答えを得た気がした。

さまざまな人生を送っている人間が、たまたま集まって一緒に何かを共有できる。みんなで歓声を上げたり拍手をしたりして共振する。人が人のことを思えたり、仲良くできたりするのは、人間が本来求めていることであり、人間の持っている大きな宝物だ。

そのことに音楽が本質的なかたちで関わっていること、そしてベートーヴェンの音楽の核心はそこにあることに、「第九」はあらためて気づかせてくれた。

そのよろこびは特別なもののようであって、決して特別なものではない。

小学生のとき、教室で僕が「タイガーマスク」の主題歌を縦笛で吹くと、クラス中が弾けるような勢いで沸き立った。教室を満たした無条件の楽しさ、まぶしいような幸福感。僕はあのときから音楽が本質的に持つよろこびを知っていたのだ。

# 第五章

# 音楽という贈り物

## バーンスタインから受け継いだもの

僕がクラシック音楽の面白さを人々に、中でも次の世代に伝える役割に目覚めたのは四〇歳も近くなってからだった。

父と兄が学校の教師だったので、人が人に何かを伝える仕事は佐渡家に流れる血だったのかもしれない。自分自身も、音楽の先生や担任の先生たちはもちろん、指揮者を目指してからもバーンスタインや小澤征爾という二人の恩師に恵まれ、めいっぱい指導していただいた。

もちろん、国内外のオーケストラを指揮することは自分の仕事の中心として常にあるのだが、もともと指揮者とオーケストラも、伝えたり伝えられたりする関係にある。

自分自身のことで精一杯だった三〇代を過ぎたあたりから、一つの役回りとしてクラシック音楽を世の中に広める活動を展開していく時期を迎え、そこに自分自身もよろこびを感じるようになった。

バーンスタインが生前、僕について語った言葉。

「ジャガイモを見つけた。まだいっぱいついている泥をすごく丁寧に落とさなくてはならない。でも泥を落としたときには、みんなの大事な食べ物になる」

世界中の人々が毎日、口にしても飽きない音楽をこいつはきっとつくるだろう。毎日、人に届けるような音楽をつくるに違いない——。

人づてにではあったが、この言葉を聞いたとき、体に電気が走るように、自分に与えられたとてつもなく大きな宿題だと感じた。そして、この言葉を繰り返し自分の胸に刻んでもきた。

バーンスタイン自身、子どもたちがクラシック音楽に親しむための「バーンスタイン・ヤング・ピープルズ・コンサート」を長年続けてきた。そして、「これこそが生涯いちばん誇りに思っている仕事だ」と語っていた。

僕がその言葉を聞いたのは三〇歳のころだったが、正直に言うと信じられなかった。

「ウエスト・サイド・ストーリー」で作曲家としての名声が世界に響き渡り、ニューヨーク・フィルの音楽監督を経て、ウィーン・フィルなど欧州の超一流オーケストラの指揮台にも招かれていたバーンスタインは、カラヤンと並んで世界のトップを走っていた。マーラーの「交響曲第九番」の歴史的名演を指揮したバーンスタインも僕は知っていた。その大指揮者にとって生涯で最も誇るべき仕事は、子どもたちの音楽会をつくったことだという。

当時、何も仕事がない自分にとって、子ども向けの音楽会はギャラも安く、駆け出しの指揮者がやるものだと思い込んでいた。

バーンスタインが言った「誇るべき仕事」の中心には「ヤング・ピープルズ・コンサート」（以下、「YPC」と呼ぶ）があり、その延長には若手の音楽家を育てた米国のタングルウッド音楽祭、ドイツのシュレスヴィヒ＝ホルシュタイン音楽祭、札幌のパシフィック・ミュージック・フェスティバル（以下、「PMF」と呼ぶ）などがある。

ＰＭＦの開会式でも、バーンスタインは「自分の人生、これから何をしていくのか、ピアノをもう一回弾くのか、交響曲をもう一回録音し直すのか、いろいろなことを考えるが、自分が今やらなければいけないのは教育だと思う。若い音楽家たちに自分が伝えられることをできるだけ伝えようと思う」と話していた。一九九〇年、バーンスタインが亡くなる四カ月前のことだった。

小澤征爾先生や僕はもちろん、世界で活動する指揮者や演奏家でバーンスタインと関わっていない者はいないと言ってもいいほど、多くの音楽家が彼との交流の中で音楽を学んだ。そしてまた、彼の影響を受けて数えきれないほどの音楽ファンが育っていった。バーンスタインは音楽のよろこびの種を世界にまいた。そのことの意味が駆け出しのころの僕にはわかっていなかった。

しかし、歳を重ねて今、僕はバーンスタインの背中を見ながら、自分なりのやり方でクラシック音楽の魅力を伝える仕事を続けている。それは恩師の仕事の継承であり、自らの重要な使命であり、僕に音楽のよろこびを教えてくれた人たちへの恩返しでもある。

まだ演奏会に一度も来たことがない人、クラシックの面白さに触れたことのない人、そういう人を音楽の世界にいざなうのが、僕の一つの役目だと思っている。

そんなふうに感じ始めたころ、「佐渡裕ヤング・ピープルズ・コンサート」と「1万人の第九」が一九九九年から始まった。そして三年後には兵庫県立芸術文化センターの芸術監督を引き受けて、二〇〇五年に兵庫県西宮市に芸文センターが開館した。さらに三年後の二〇〇八年からテレビ朝日の音楽番組「題名のない音楽会」の司会を務め始めた。

新たな仕事がリンクして、自分がやりたかったこと、やれる場が、不思議なほど次々と用意されていった。

## 大人が一生懸命やっていることを見せる

ニューヨーク・フィルが主催する「ヤング・ピープルズ・コンサート」は、この楽団の音楽普及活動のシンボル的企画で、一九五八年から七二年までバーンスタインが企画・指揮・台本・司会を担当し、人気テレビ番組にもなった。

当時のアメリカでは、クラシック音楽はまだ限られた世界、限られた人々のものだったと思う。テレビが普及し始めたころ、YPCシリーズが全米に生中継されることになる。音楽の殿堂カーネギー・ホールで、米国最高のオーケストラとともに、アメリカ人の指揮者が、アメリカ人の言葉で、クラシックやジャズなど広く音楽の魅力を伝える。

内容は面白くて、何よりもバーンスタインの指揮する姿がカッコいい。あるいはハリウッド映画の俳優のように視聴者に語りかける。YPCシリーズは、当時のアメリカの子どもたちに「クラシックの世界って、こんなにカッコいいんだ」と思わせることに成功した。

子どものためのコンサートをしたいとずっと思っていた僕は、「バーンスタイン・ヤング・ピープルズ・コンサート」の台本を日本語に訳して上演する許可を得て、一九九七年にこの企画の世界初の海外上演を岡山県倉敷市で実現した。

バーンスタインの台本は、どれも抜群に魅力的で奥が深く、こちらが落ち込むくらいの才能がきらめいていた。

しかし、翻訳した台本はやはり自分の言葉ではない。時代的、地域的な制約もある。たとえば、当時アメリカで大ヒットしたドラマのテーマ曲で幕を開けても、日本の子どもたちを引きつけることはできない。

だから僕は自分なりのやり方で子どもたちを音楽の世界に引っ張り込んでいきたいと思った。たくさん関西弁で話しかけて、子どもたちの前で縦笛を吹く、佐渡裕流のやり方で。

そこからオリジナルの「佐渡裕ヤング・ピープルズ・コンサート」が毎日放送主催で始まり、毎年夏の恒例の演奏会シリーズになった。

自分のYPCシリーズをつくるうえで大事にしたいと思ったことが三つあった。フル編成のオーケストラで演奏し、音楽専用ホールの良い響きの中で迫力と醍醐味を十分に感じてもらうこと。チケットを極力安くすること。協賛してくれるスポンサーが誇りに思える内容にすること。

参加者の中には初めてオーケストラを聴く小学生もいれば、毎年来る家族連れの「常連」も多かった。毎年続けていると小学生だった子が「高校で吹奏楽部に入った」と楽器を持って報告してくれたりすることもあった。

ロビーでトランペットやバイオリンなど本物の楽器に自由に触れて、音の出し方を教えてもらえるようにしたり、弦楽四重奏を相手に僕の指導を受けながら指揮を体験できるコーナーも設けた。また、毎年テーマにあわせてマウスピースや指揮棒などのお土産を子どもたちに配り、コンサートの中で実際にそれらを使って参加できる演出も用意した。

作曲者名や作品名を覚えることも大事だが、子どもたちに初めて音楽を聴くよろこび、初めて音楽に触れる興奮を与える。そうして、また演奏会に行きたい、トランペットを吹いてみたい、指揮してみたい、という子どもたちの表情を目の当たりにすることは、音楽家としてはこの上ないよろこびだった。

カラヤンは言った。

「子どもたちの前で演奏会をすることは非常に意味がある。それはいい音を届ける以前に、大人が子どもたちの前で一生懸命やっていることを見せることだ」

音楽を通した教育を考えたとき、僕の中にあるイメージは、音楽に夢中になっている大人がいて、それを見つめている子どもがいる、そして一緒に挑戦したり一緒に緊張したりしながら一つの音楽をつくっていく、そんな光景だ。

大人の心が動いていなければ、子どもの心は動かない。

たとえば父親が「今日の演奏会は、チャイコフスキーの交響曲で、オーケストラからすごい音が降り注いできて……」と夢中になってよろこんでいる姿を見れば、子どもたちは自然に音楽に興味を持つようになる。大人は子どもに素敵な音を与えるのではなく、その存在に気づかせてあげるだけでいい。

## 子どもたちは何に心を躍らせるのかを考える

子どもたちのための演奏会を開くことは、音楽のよろこびと直接的に関わることだと僕は思っている。

第三章で、客席に子どものころの自分がいたとして、彼の心を動かすかどうかが、僕が演奏会の善し悪しを判断するときの絶対基準としてある、と書いた。「佐渡裕ヤング・ピープルズ・コンサート」は、言ってみれば子どものころの僕が客席にいっぱいいるという状況なのだ。

客席にいる小学五年生の佐渡裕少年は、こんなテンポで演奏して楽しいと思うだろうか。字幕が読めなくてもオペラが楽しめるだろうか。こんな演奏をしたら二度と演奏会に来たいとは思わないかもしれない。

子どもたちが何に心を躍らせ、何をつまらないと感じるか。それを真剣に考えることは、お客さんに音楽を提供する仕事をする自分にとって、驚くほど大きな経験だった。

そのぶん、企画には実に長い時間をかけたし、悩みもした。

ステージに上がったオーケストラが、いい音楽を鳴らすだけで本当は十分なはずのものが、解説をする、照明や映像を使う、マイクやアンプで音を大きくする……。子どものためと思った配慮が、逆に子どもたちの想像力をどんどん奪ってはいないか。僕のYPCをとても面白いと思った子どもは、普通の定期演奏会をつまらないと思わないか。

「スター・ウォーズ」のメインテーマで幕を開けたこともあったし、米国ドラマ「スパイ大作戦」のテーマを披露したこともあった。子どもに媚びたなと反省することもあった。一方で、子どもたちを前にマーラーの交響曲の一つの楽章を演奏した。アントン・ウェーベルン（一八八三〜一九四五年）の現代曲もやった。

子どもにも大人にも大ウケした企画は、音楽の基礎となる「拍子」の持つ性格の違いを知ってもらうため、「二拍子君」と「三拍子ちゃん」というキャラクターを舞台に登場させたものだった。

半ズボンで体操服姿の二拍子君は、ブラームスの「ハンガリー舞曲」第一番に合わせて元気いっぱいのパントマイムをやる。セーラー服姿の三拍子ちゃんは、可憐で優雅にヨハン・シュトラウスの「皇帝円舞曲」でワルツを踊る。

次に変拍子だらけのストラヴィンスキー「春の祭典」。二拍子と三拍子が入り乱れると、二拍子君と三拍子ちゃんが同時に踊る。二拍子君は「何かしなければならない」キャラで、三拍子ちゃんは「何かをしたい」キャラ。二つのノリが混ざる変な拍子が変拍子ということだ。

音楽は基本的に二拍子と三拍子の組み合わせでできている。二つの拍子の違いを生身の肉体を使ったパントマイムとダンスで見せることで、拍子という音楽の基本を体感として伝える。

言葉づかいと演出は低学年向けだったが、音楽の本質を突いた中味だったと思う。二拍子君と三拍子ちゃんを演じたパフォーマーは公演後、ロビーで子どもたちにわっと囲まれるほどの人気ぶりだった。

## 京都の路地で遊んだ経験

目の前の人たちを楽しませたいという僕のサービス精神は、京都生まれの京都育ち、関西人のノリもある。同時に、小学生のころからクラシックを聴くことが大好きだった僕自身が、それでもやはり演奏会が堅苦しかったり退屈だったりした経験があったからだ。その原体験が僕の遊び心をフル回転させる。

遊び心は僕の想像力や創造力とつながっている。その源泉は子どものころの体験にある。

中でも京都の路地で遊んだ経験。狭い路地で野球や鬼ごっこをするために、どうしたらもっと楽しめるか、どうしたら人に迷惑をかけないか、どうしたら全員が納得するか、その場でルールをどんどん変えていき、遊び方を工夫した。工夫することで知識と技術が身につき、遊びの面白味が深まった。

僕は学校の授業では習わない多くのことを路地で学んだ。あのときのワクワクする感覚は、新しいアイデアや発想、企画を生み出す源になっている。

僕は神様が人間に与えた最も大きなよろこびは遊びだと思っている。

僕が子どものころ、頭のほとんどを占めていたのは遊ぶことだった。たとえば四、五歳のころ、僕はテレビで放送していた「快獣ブースカ」のことで頭の中がいっぱいだった。いつでもどこでも「シオシオノパー」「バラサ、バラサ」といった

〝ブースカ語〟を発していた。

あのときの無我夢中の熱中ぶり、全部のエネルギーを投入する集中力、何も邪魔するものがないような全能感、それでいてまったく疲れない生命力。

今から考えると、それはちょうど、トップアスリートたちが研ぎ澄まされた集中力を発揮するという「ゾーン体験」と同じような状態にあったと思う。

僕は大人になってから、子どものころに熱中したブースカやサンダーバードのグッズを集め始めた。僕の自宅の部屋にはそんなグッズがズラッと並んでいる。

自分が生きていく中で、子どものころのあの夢中感と集中力を忘れずにいたかったし、ゾーンに入っていた特別な感覚を呼び覚ましたかった。それは必ず自分の音楽の創造につながっていくはずだから。

## 偶然を超えた巡りあわせ

僕が二〇〇八年から司会を務めることになった「題名のない音楽会」(以下、「題名」と呼ぶ)では、「佐渡裕ヤング・ピープルズ・コンサート」で培《つちか》ったノウハウを生かし、全国の視聴者に届けたいと思った。

バーンスタインが企画した「ヤング・ピープルズ・コンサート」を日本で受け継ぎ、さらに「題名」の司会をすることになった巡りあわせに僕は不思議な縁を感じている。

一九六一年、バーンスタインはニューヨーク・フィルを率いて初のアジアツアーを行った。そのときの副指揮者は小澤征爾先生。四月から五月にかけて、初来日ツアーは一〇公演行われた。そのとき、演目として選ばれた日本人の作品が、「題名」の初代司会者でもある黛敏郎さんの「饗宴」だった。

アメリカの定期演奏会ではバーンスタインが「饗宴」を指揮したが、日本公演ではステージ上で突然、バーンスタインが聴衆に向かって「この曲にふさわしいのは、才能ある日本人指揮者だ」と小澤先生を紹介して、指揮台に上がらせた。

当時、全米に中継されていたＹＰＣが人気を博し、ミュージカル「ウエスト・サイド・ストーリー」や「キャンディード」も上演されていた。バーンスタインが勢いに乗って時代を切り拓いていたころだ。

ここからは僕の推測になるが、ＹＰＣを見て感激した黛さんや小澤先生は「日本でもこんな番組を作ろうじゃないか」と大いに盛り上がったに違いない。それから三年後の一九六四年、黛さんが司会をする「題名のない音楽会」が誕生することになる。

僕は子どものころから、この番組を一種の憧れをもって見ていた。子ども向けとは言えなかったが、毎週の放送を心待ちにしていた。

番組は実験的な内容も含み、美空ひばりや山本リンダ、植木等、タモリも登場した。当時、まだまだお高いところにとどまって近寄りがたかったクラシック音楽が、この番組によって一気にお茶の間に下りてきたのだ。

僕はそれを見て育ったからこそ、今こうして音楽家になったともいえる。いや、僕らの世代のクラシックの音楽家は、間違いなく「題名」や山本直純さん司会の「オーケストラがやってきた」（一九七二〜八三年）を見て育っている。

だから、指揮者になって「題名」にゲストとして呼ばれたときは興奮したし、番組を当初から一社で提供してきたスポンサーの出光興産から第二回出光音楽賞（一九九一年度）をいただいたときは、とても光栄だった。

「題名」を見て育った僕が今、司会を務めていることは、何とも不思議な感覚だ。

不思議といえば、実はバーンスタインが小澤先生とともに初めて日本に滞在した一九六一年五月に、僕はこの世に生を受けたのである。その僕がその二人のもとで指揮を学び、おそらくYPCに感化されて黛さんがつくった「題名」の司会を引き継ぐことには、偶然を超えた巡りあわせを感じざるを得ない。

## 美しく振動する空間にみんなを連れて行きたい

「題名」は、番組開始から二〇一四年で五〇周年を迎えた。クラシックの本場ヨーロッパでも、これだけ長く続いているクラシック音楽の番組はない。これは世界に誇っていいことだろう。

この番組と自分との縁を受け止め、世界最長寿のクラシック音楽番組を通じて、広くクラシック音楽をみんなに味わってもらうという使命を僕なりに果たしたいと思った。

「題名」の大きな特徴は、ほとんどがスタジオ収録ではなく、実際に千数百人のお客さんが入ったコンサートホールで公開収録しているということだ。

日本人でコンサートホールに足を運び、クラシックの演奏会を実際に体験したことがある人は、まだまだ限られていると思う。視聴者に「自分もこの空間に行ってみたい!」と僕は思わせたい。テレビの前から街の劇場に引っ張り込みたいのだ。

そのためには、テレビの前の視聴者だけを考えるのではなく、収録会場にいる聴衆をまず楽しませなければならない。スタッフには「目の前のお客さんがシラけていたら、番組は決して面白いものにはならない」と言い続けた。

本番前に観客に番組の段取りを説明する「前説」は通常、アシスタント・ディレクターがやるが、「題名」では毎回、僕がやっている。「最近、筋トレに熱中している」とか「ゴルフで驚異的なスコアが出た」とか、とりとめのない近況報告をする。

というのも、演奏会で指揮者がステージに登場した途端シーンとする、あの暗黙のルールのようなものを壊して、クラシック会場特有の硬い空気をなごませたい。それは演奏会の善し悪しを左右する「会場の気の巡り」に大きく関わるからだ。

会場には、ふだんは演奏会に足を運ばないが、「題名」の公開収録にだけ来るというお客さんも多い。三〇倍ほどの競争率を勝ち抜いてチケットを手に入れた人もいれば、関係者の招待客もいる。温度差の大きな会場の気をうまく操る必要がある。

バーンスタインがYPCの放送を通じて数えきれないクラシックファンを育てたように、僕はこの番組を通じて、みんなが音楽の楽しみに触れ、どんどん音楽を好きになって、演奏会で生の演奏を聴くようになってほしいと思う。

世の中に音楽を楽しむ人はたくさんいるが、スピーカーやヘッドフォンを通してではなく、オーケストラの生の演奏によって目の前の空気が美しく振動する空間に、できるだけ多くの人たちを連れて行きたい。そこでの感動がいかに特別な体験なのかを伝えたい。

音楽は受け身で聴かされるのではなく、聴き手が自分の意志で次の一ページを開かなければ決して面白くはならない。僕らの役目はその一ページ目をめくる糸口をつくることだ。「題名」の冒頭、みんなで声を合わせて言う「みなさんと一緒に新しいページをめくりましょう！」という言葉には、そういうメッセージを込めている。

# 神々しい世界が音楽にはある

確かにクラシックは以前よりも身近な存在になったし、また、「1万人の第九」などの演奏会や「題名」という音楽番組を通じて、そうなるよう僕も努めてきた。かしこまった空気は苦手だし、お高くとまった雰囲気も趣味ではない。

しかし、ぜひとも伝えておかなければいけないことがある。矛盾するように聞こえるかもしれないが、あがめたてまつるに値する神々しい世界が音楽にはあるということだ。あるいは、高みに存在する圧倒的に厳かで崇高な作品がある。

たとえばマーラーの「交響曲第二番〈復活〉」。一般的に親しまれている曲ではないが、僕は体が震えるくらいにこの曲に心惹かれ、この作品世界に神を感じて精神がたかぶる。そこに浸るたびに荘厳な音の神殿にいることを実感する。

こればかりは体感してもらわなければ、伝えることはできない。

音楽のよろこびは神様が人間に与えてくれたものだと思う。それは食べるよろこびもそうだし、絵画を見て感動するよろこびもそうかもしれない。

人間はなんとすばらしい感性を自らの中に宿しているのかと思う。人は音を鳴らす者と音を聴く者に関わりなく、すばらしい音の世界に身を置ける。その瞬間を味わえた人は本当に幸せだと思う。

しかし、そこに辿《たど》り着くためには何かの「縁」が必要になる。小さなころから習っていたピアノの先生がよかったとか、大好きな彼氏がクラシックファンだったとか、たまたま行った演奏会がすごかったとか。

もちろん、縁を持てない人もいて、その意味では音楽から遠く離れた人はまだまだたくさんいる。僕は彼らをこのうえなくすばらしい音の世界に引きずり込みたい。「題名のない音楽会」で本当にみんなを連れて行きたいのはそこなのだ。

## 子どもたちだけの弦楽オーケストラ

音の世界が持つ深さ、不思議さについて、さらに考えるために、「スーパーキッズ・オーケストラ」（以下、「SKO」と呼ぶ）について書こう。

子どもたちだけの弦楽合奏団「スーパーキッズ・オーケストラ」は、阪神・淡路大震災の「復興のシンボル」として二〇〇五年にオープンした兵庫県立芸術文化センターの先行事業として誕生した。

芸文センターの芸術監督に就いた僕は、立派な劇場が完成しただけではなく、あるいは専属オーケストラが交響曲やオペラを演奏するだけではなく、この劇場にいつも何かを発信できる性格を持たせたいと考えた。そのために劇場がオープンする前に、創造的なプロジェクトを立ち上げたかった。

当時、僕は「佐渡裕ヤング・ピープルズ・コンサート」や地域の小学校の音楽の授業を手がけていたが、この劇場自体が子どもたちに音楽を橋渡しする役割を積極的に担えないかと考えていた。

あまり知られていないが、日本の子どもたちの弦楽器の演奏レベルは非常に高い。選抜メンバーを集めれば、すごいオーケストラができるのではないか。そんな予感があった。

二〇〇三年に誕生したSKOの第一期メンバーは、小学三年生から高校三年生までのジュニア演奏家からなる二一人。厳しい選考を通過して集まった子どもたちの音楽的レベルの高さに僕は正直驚いた。

　この楽団の大きなポイントは、メンバーのほとんどが成長著しく、今後の人生や進路について迷い、考える年齢層にあるということだ。もちろん、まだまだ無邪気に音楽に取り組むような年齢の子どもたちもいるが、中学生にもなると、これから自分がどういう大人になっていきたいかをそれぞれが考え始める。そういう時期に音楽を通じて彼らと関わることができるよろこびと責任は大きい。

　思春期は大人が醜く見える時期でもある。もうすでに彼・彼女たちには世間体とか裏表とか大人社会のいやな部分が見えている。あるいは自分の能力に自信が持てず、焦りや嫉妬も生まれている。

　SKOのメンバーとは毎年、夏に合宿をする。自然豊かな山中の合宿所で、朝から晩まで練習を続ける。これに加えて早朝、深夜までの自主練習。ソロを弾く人を決めるオーディションも実施する。

　メンバーは、年齢も違えば学校も家庭環境も違う。彼らにとっての一歳差は大人と違って決定的だ。話し合いの時間では、たとえば他のメンバーに対する不満をはじめ、それぞれの迷い、悩み、意見の違いが表面化する。

　合宿中だから、まだ音は練れていないが、演奏会を前にして、彼らも次第に盛り上がってくる。放っておくと、子どもたちの間で「みんなで心を合わせなければ！」という気分が高まってきて、しまいには「なぜみんなと心を一つにできないの！」と、とんがってくる。

純粋なだけに一致団結への思い、一つになって演奏したいという願いが大人以上に強いのだ。でもこれだと一つ間違えるとカルトな宗教みたいで気持ち悪いことになる。

## 音楽はともに生きることを肯定する

意見が対立したり、そりが合わなかったりすれば、日常の暮らしの中ではそのまま距離を置いたり無視したりしてスルーしてしまえばいい。ところが、オーケストラという共同体では、そういうわけにはいかない。

オーケストラは集団で響きをつくる。そのために互いの音を聴き合わなければならない。音楽が一つの世界をつくるためには、みんなの心が一つの方向に向かう必要がある。

でもだからといって、何かを抑圧したり押し付けたりするのは僕のやり方ではない。その中でつくられる美しさは確かにあるし、その要素がゼロであってもいけない。

生まれも環境も考え方もまったく違う人間がいることを認め合い、それぞれの個性を生かしながら、互いに鳴らす音に耳を傾けて一つの音楽を奏でる。互いの音と思いが重なったとき、心が震え合い、ほかのどこにもない音色が生まれる。

そんなふうにして、ぎくしゃくしていたメンバーは音楽を通して一つになり、一緒によろこびを分かち合うことができる。あるいは自分が自分らしく演奏できる。そのことの達成感はとても大きい。

だから心を合わせようという思いを抱くこと、それを求めること自体は実はとても大事なことなのだ。それがいい方向に転じていくとき、一〇〇%の純度でぶつかってくる子どもたちは特有の爆発的エネルギーを生み出す。

たとえうまくいかないときでも、すごくいい音を鳴らせた瞬間、自分たちにもこんな音を鳴らせるということを知って、途端に問題が解決することもある。

子どもたちは一瞬、一致団結しても、またすぐにバラバラになるだろう。トラブルが起こって、けんかになるだろう。でも一度でも一つになった経験があれば、また元に戻って人の音に耳を傾けることができる。その体験が大きな財産となって、大人になって直面する壁を打ち破る力にできる。

そして、そのことは実は子どものオーケストラだけに限ったことではないはずだ。年齢に関わりなく、どんなオーケストラでも同じように音楽をつくることができる。オーケストラが社会の縮図であることを思えば、この社会だって本当はそうやって一つになれるはずなのだ。

そんな夢物語を描いても、周りを見回せば近所同士でいざこざはあるし、世界から戦争はなくならない。お隣から全世界に至るまで、世の中はなかなか響き合わないのが現実である。

しかし、音楽は違う。音楽はまったく別々の人生を歩んできた人々、まったく違う価値観を持つ人々がともに生きることを肯定する。響き合うことを認める。

それが音楽の持つ本質的な力であり、最も大切なはたらきだと僕は思う。

SKOとの音楽づくりで僕はそのことをあらためて実感した。僕はSKOから「オーケストラはこうあってほしい」「音楽はこうあるべきだ」ということを教えられたのだ。

## 東北の海に向けた鎮魂の演奏

しかし一方で、美しい響きをつくるには高い技術を必要とする。ヘタなオーケストラで一つの音楽世界をつくることは難しい。

そういう意味では、ＳＫＯのメンバーは僕がオーディションで選んだ演奏家たちだ。厳しい道のりであっても、音楽的なリクエストにメンバーは間違いなく応えることができる。最後まであきらめずにやれば目標に到達でき、そのときは大きな充足感を得ることができる。

子どもたちの全力投球で向かってくる姿に受ける感動は大きい。「第九」は「音楽は人と人が一緒に生きていることによろこびを感じる証」だと教えてくれたが、ＳＫＯと一緒に音楽をつくっていくと、そうした大切な音の世界に立ち会うことができる。

そのことをあらためて感じたのは、東日本大震災からの復興を祈念し、二〇一一年夏にSKOとともに被災地を訪ねたときだった。芸文センターは阪神・淡路大震災をきっかけに生まれた劇場であり、SKOはその活動の中から誕生したオーケストラだっただけに、被災地で自分たちにできることがあるはずだと東北行きを決めた。

最初に震災後の東北を訪れたのは、二〇一一年八月初めだった。震災三カ月後の六月に岩手県釜石市の大槌湾に面した旅館「宝来館」の女将、岩崎昭子さんから「地元の子どもらと交流しながら鎮魂と慰めのコンサートを開いてもらえないか」という手紙をいただいたことがきっかけだった。

壊滅状態となった旅館前の砂浜には、ハマナスの花が何輪か奇跡のように咲いたという。手紙には、この砂浜に花を植え、亡くなった人たちを供養しながら「海から見ても暖かく愛おしい浜づくりをしたい」とつづられていた。

女将さんの言葉に導かれるように、僕はSKOの子どもたち三二人とともに東北を訪れた。辺りにはまだ瓦礫が積み上がり、津波の傷跡が生々しく残っていた。

近くの根浜海岸の白浜はほとんど失われ、松林は宝来館の前だけにわずかばかり残っていた。松林の中で僕は子どもたちと海に向かって、バッハの「G線上のアリア」「無伴奏チェロ組曲第一番プレリュード」など四曲を演奏した。演奏後は全員で海に向かって、津波で犠牲になった多くの人に黙禱を捧げ、手を合わせた。

この鎮魂と慰めの演奏は毎年、東北を訪れるときは必ず行うようになった。

自分は家族や友人を失った人たちの本当の痛みを感じることはできない。でも手を合わせて祈ることで、少しでも彼らの痛みに寄り添えるのではないか、そこから一緒に未来を考えることができるのではないかと思っている。

## 「私はやっと涙が出た」

その後、近くの大槌町の吉祥寺本堂でミニコンサートを開いた。

大槌町は岩手県内で最も大きな被害を受けた町のひとつで、行方不明者数もとびぬけて多かった。吉祥寺の本堂は震災時、住民二五〇人の避難所にもなり、位牌堂には犠牲者の位牌が並んでいた。

被災した人たちは大切な人を亡くしたり財産をすべて失ったりする中で、自分よりも大変な人がいるという思いを抱えて泣くことすらできない状況が続いていた。

僕たちの訪問を知って、釜石市の市民吹奏楽団のメンバーが二〇人ほど集まって歓迎してくれた。そして、「上を向いて歩こう」を演奏してくれた。

三分の一のメンバーが津波で楽器を流されて、何も持っていなかった。しかし、そんな彼らは手拍子で演奏に参加し、あるだけの楽器で旋律を奏でた。

震災以降、音楽なんて聴いたことがなかった、歌うこともなかったという人たちが、演奏を聴いて涙を流していた。

「やっぱり音楽は美しい」「私はやっと涙が出た」。そう話してくれた。

それは僕の音楽人生の中で最も心を揺さぶられた体験の一つだった。

子どもたちも涙を流しながら楽器を弾いていた。音楽を通して、演奏する者と聴く者が一体になる特別の時間がある。そこにはやはり尊い音のよろこびがある。

それは何カ月も練習したから鳴らすことができる音ではない。見事な音の構成を持つ作品だから鳴る音ではない。その時、その場所、そこにいる人たちだけが鳴らせる音だ。

子どもたち自身もその瞬間、鳴らした音に「こんな音がするんだ」「これが音のよろこびなんだ」と音楽が持つ不思議な力をそれぞれの思いで受け取ったと思う。

それは彼らの一生の財産になるはずだ。

## オーディションを受ける勇気

ＳＫＯのメンバーになるにはオーディションを通過しなければならない。僕は子どもたちにオーディションを受けるという経験をしてほしかった。そしてオーディションに落ちるという経験も大切にしてほしかった。

僕のプロフィールには、〇〇コンクールに優勝したとか、〇〇オーケストラの音楽監督になったとか、そうした成功体験ばかりが書いてあり、××コンクールで落ちたとか、××オーケストラの演奏会はブーイングの嵐だったとは書かれていない。

だから、とんとん拍子にここまで来たように思われるかもしれないが、そんなことはない。二〇歳くらいからこの仕事を始め、二八歳で初めてブザンソン国際指揮者コンクールで優勝するまではさんざんコンクールに落ちたし、優勝した後も客演で指揮したオーケストラに再度呼ばれなかったこともある。成功と失敗を繰り返し、そのたびごとに達成感と挫折感を味わってきた。

原因は準備不足だったり、能力不足だったりした。反省もしたが、一方で正しい評価を受けていないというくやしさをかみしめることもあった。そのぶん僕は打たれ強くなったし、そのくやしさを含めて今の自分をつくったエネルギーになっている。そんな体験を子どもたちにもしてほしいと思った。

もちろん、オーディションを受けるには勇気がいる。中には二回も三回も落ちて、やっとメンバーになれた子もいる。

しかし人生に自動ドアはない。人生には勇気を振り絞らなければ開かない扉はいっぱいある。そして勇気を出すときの気持ちは、年齢や状況は変わっても実は同じなのだと僕は思う。

目の前のベルリン・フィルを指揮する緊張感と、志望高校の入学試験に向かおうとしている緊張感。バッターボックスのイチローがボールを選ぶ勇気と、小学生が授業中におそるおそる手を上げる勇気。それらは真剣さの度合いにおいては何も変わらないと思う。

これは、実は生きていくうえでとても大事なことなのだ。勇気を出して授業中に手を上げた体験は、その後の人生で一歩を踏み出す勇気につながる。

僕らはみんな、これまでそれぞれの局面で勇気を振り絞ってきたし、勇気は誰でも持とうと願えば持てる。そして、勇気を出せた者が夢をつかんでいく。

## 恥ずかしいほど〝僕の音〟がするオーケストラ

ＳＫＯは当初、音楽づくりを通して次世代の子どもたちを育てるという教育目的から始まった。僕自身、音楽の才能と可能性を秘めた子どもたちを全国からオーディションで集めて楽団をつくり、音楽をつくることに意味があると思っていた。

ところが始めてみると、子どもたちは僕の要求にストレートに反応してくるため、恥ずかしいほど〝僕の音〟がする。僕がイメージする楽譜の音がする。まるで僕と子どもたちの間に鏡があって、互いに自分自身が映し出されているように感じるのだ。

僕が自信満々で振れば、子どもたちも自信満々で弾き、僕の心が曇ればオーケストラの音も曇る。

音楽以外の社会のさまざまな局面でも、たぶん大人と子どもの関係は同じようなことが言えるのではないだろうか。夢を持ちなさい、勇気を持ちなさいと言葉で言うのは簡単だ。僕はSKOの子どもたちには音楽の世界で自分が真剣に夢を追い、勇気を出して挑み続ける姿勢を見せたいと思ってきたし、彼らからもそれを教わってきた。

子どもたちの才能は急速に伸びる。わずか一年間でも目を見張るような成長を遂げる。チームワークをつくることさえできれば、彼らは純粋に音楽に向かってくるため、プロの技術では太刀打ちできないSKO固有の音ができ上がっていく。

音楽教育から始まったプロジェクトだったが、結成から一〇年という時間の中で、僕自身がどんどんこのオーケストラのファンになっていった。

SKOは世界をあっと驚かせることができるオーケストラだと僕は思っている。もしSKOがウィーンやベルリンで演奏すれば、客席はその音楽的レベルの高さに目を見張り、耳を疑うだろう。僕が日本から世界に紹介するオーケストラの中で、最も驚かれ、評価を受けるオーケストラになるに違いない。

これまでにSKOに参加したメンバーは一〇〇人を超えた。一期生はもう大学を卒業する年齢になっている。多くのメンバーが音楽大学に進み、コンクールで優勝したり、単身でヨーロッパに留学したりしている。新たな道を目指して会社員になったメンバーもいる。

毎年、高校三年生が巣立ち、新メンバーが入る。子どもたちと音楽をつくり、演奏会で出会いをつくるよろこびに加え、卒業生たちがこれからどんな音楽人生を過ごしていくのかを知る新たなよろこびが増えていく。

## 人にとって音楽とは何なのか

時間を少し戻そう。

SKOの活動拠点である兵庫県立芸術文化センターは、一九九五年の阪神・淡路大震災から一〇年を経た二〇〇五年、復興のシンボルとして建設された。僕はその芸術監督の仕事を通じて、自分が音楽をやる意味と理由を教えられた。そのことについて書いておきたい。

僕は阪神・淡路大震災が起こるまで、自分の大好きな音楽を一生懸命やり、それが評価されたりされなかったりしながら、指揮で出演料をもらえることに日々、感謝をして生きてきた。そういう意味では音楽は「自分の中にあるもの」だった。震災が起こったときに、指揮者としての自分よりも人間としての自分が問われた。隣町に水一杯、毛布一枚を運ぶ尊さを知らされたが、何もできずに仕事でパリに発った。音楽家は無力だという思いの中で動けなかった。そのことが自分の中に後ろめたい思いを残した。

そんなとき、兵庫県知事から「劇場を中心に、この街を震災前よりもずっと優しく、ずっと逞《たくま》しい街にしてほしい」という依頼を受けた。

音程やテンポ、バランスを整えるためではない、「街をつくるために音楽をしてほしい」というミッションだった。そのとき、僕は自分にとっての音楽ではなく、「人にとって音楽とは何なのか」という根源的な意味を考えることになった。

被災の地となったこの場所で、ただ単にベートーヴェンや壮大なオペラを演奏すればいいとは思えなかった。多くの犠牲者のことを忘れずにいて、そのうえで新しい扉を開いて街づくりに向かわなければならない。覚悟が必要だった。

二〇〇二年に芸術監督に就いた僕は、センター建設前の設計段階から関わり、ロビーやセンター前の植栽に至るまで、理想的な音楽環境をつくるよう尽くした。

センター専属のオーケストラをつくるなら、これまでにない新しいかたちにしたかった。兵庫芸術文化センター管弦楽団（以下、「PACオケ」と呼ぶ）のメンバーは、世界各国のオーディションで選んだ三五歳以下の演奏家からなる。メンバーは長くても三年しか在籍することができない。

楽団のレベル維持という点からすれば、三年任期は冒険的な試みだったが、その反面、常に新鮮さを保てる。それは日本の音楽界、日本のオーケストラに最も欠けている側面かもしれない。そして、ここで腕を磨いたメンバーが世界で活躍すれば、PACオケを世界に発信できる。結果的にPACオケは、収入を得るプロのオーケストラでありながら、アカデミーの要素を持った、世界に例のないユニークなオーケストラになった。

## 劇場へ足を運ぶことが生活の楽しみになる

芸術監督として、演奏で最善を尽くすことはもちろんのことだが、自分たちのオーケストラがベルリン・フィルやウィーン・フィルのようになったり、センターがメトロポリタン歌劇場やスカラ座のような劇場になるとは思っていない。でも、「世界に誇れるお客さん」をつくることは考えていけると思った。世界のどこの劇場に出しても自慢できるお客さん。それはたとえばこんなイメージだ。

劇場で一度演奏を聴いた経験が二度目の来場につながり、その経験がまた三度目につながって、劇場に行くことが生活の楽しみになっている。劇場空間では、自分たちもつくり手と一緒に音楽づくりに参加するような気持ちで聴いている。そして日常に戻ったとき、「自分でもコーラスをやってみようかな」「うちにあるギターを練習してみよう」「昔聴いたバッハを聴いてみよう」と自分で音楽のページをめくっていく――。

芸文センターは、その観客の七割が初めてオーケストラを聴く、初めてオペラを観るというクラシック初心者という状態から始まった。

「クラシックのコンサート」と聞くと高級で堅苦しいイメージを抱くかもしれないが、一度その扉をあければ豊かな世界が広がっている。まず、オーケストラの生演奏などを聴いたこともなかった人に「近くに劇場ができたから、一度聴きに行ってみようか」という気を起こしてもらうこと。つまり演奏会に行く縁をつくることが僕の役目だった。

親しみやすいプログラムの入場料を二〇〇〇円程度に設定した「プロムナード・コンサート」や、五〇〇円に設定した「ワンコイン・コンサート」「ワンコイン・ジャズ」など気軽に足を運べるシリーズも設けた。

今や夏の風物詩となっているオペラ公演の場合、ただ単に公演期間中の二週間ほどだけが注目されるのではなく、数々のプレイベントやグッズ作りなどで劇場と街と人々がつながるように、あの手この手で工夫した。

鑑賞の理解を深めるために、数カ月前から公開リハーサルや演出家のレクチャートークを展開する。公演が近づくと、駅から劇場までの舗道にはオペラのデザイン旗が飾られ、気分を盛り上げてくれる。公演の前日には劇場前の広場で前夜祭が行われるのが恒例で、その年の演目にちなんだ出し物や出店が並び、地域の盆踊り大会のような活気を見せる。

音楽のこと以外にも、ホールの座り心地からロビーでの過ごし方、公演後に立ち寄る周囲のレストランの提案までを含めて、一つの演奏会と考えてつくっていった。芸文センターと他の劇場の最も大きな違いは、ここにあると思う。

クラシック鑑賞を一生に一度の特別なものとして終わらせないためには次々に面白い企画を仕掛けていかなければならない。

オペラなら、まず「ヘンゼルとグレーテル」のようなメルヘンを味わってもらい、次は「蝶々夫人」のような悲劇、「魔笛」のようなファンタジー、「メリー・ウィドウ」のような喜劇というように、お客さんに毎回サプライズを届けて、「オペラって面白いね」「次は何が来るんだろう」と聴き手がワクワクするようになれば、音楽の扉は次々と開いていく。

ブラームスの「交響曲第一番」を聴いたら次は二番を聴いてみる、今日聴く作品をCDやネットで予習する、気に入ったソリストのCDを買ってみる——そんなお客さんが一人ひとり増えていくこと、そしてお客さん自身が成長していくこと、これが僕にとって理想の聴衆だ。

## 「うちのオーケストラ」と言えるような関係

ニューヨークのメトロポリタン歌劇場やミラノのスカラ座で、大金を出して観るオペラには、それはそれで値打ちがある。ベルリン・フィルやウィーン・フィルの来日公演のチケットに数万円を出し、世界最高峰の音楽に触れることの興奮は理解できる。

しかし、そうして海外のトップオーケストラの演奏会をあがめるように聴く時代は過去のものになったと僕は思う。

一度、スカラ座を聴いたらやっぱりすごい、でもやっぱり「うちの劇場」のほうが自分に合っている。「今日の演奏会はすばらしかった!」だけではなく、「うちのオーケストラ、今日はちょっと堅かったかな?」などと言えるような関係ができれば、劇場に足を運ぶことが、人生を豊かにするチャンネルの一つに加わる。

そこで聴けるのは確かにベルリン・フィルのような音ではないが、自分たちを音楽の世界に導き、毎回楽しい時間を提供してくれる。

うれしいときも落ち込んだときも足が向かう「行きつけの喫茶店」のように、「行きつけの劇場」があるということは、そこで暮らす人々にとってはかけがえのない価値になると思う。僕が兵庫で実現したかったのは、そんな地域に暮らす人々の「心の広場」となるような劇場だ。
晴れた日に芸文センターに行くと、劇場前の広場でアカペラのコーラスをやったり、ガラスの壁面に向かってストリートダンスを練習したりしている姿を見ることができる。それは創造の場である劇場にとっては、とても誇らしい光景だ。

芸文センターは開館から八年経った二〇一三年九月、総入場者数四〇〇万人を達成した。この業績は全国の地域劇場関係者の間では「兵庫の奇跡」とも呼ばれているが、三つのホールで上演したコンサートやオペラ、バレエ、演劇といった舞台芸術のほか、さまざまなイベントや事業を街ぐるみで展開してきた成果である。

僕たちが子どものころはコンサートに行くのは特別なことで、音楽の楽しみ方の大半はレコードやCDを聴くことだった。ところが今は、スピーカーの前に座ってじっくり聴くことすら滅多になくなった。つまり今の社会では、音楽にちゃんと向き合う時間がなくなっている。

日常、音楽のよろこびを一〇〇％受け取る余裕を失っている現代社会だからこそ、逆にわざわざ劇場に足を運び、一回きりの音が鳴る価値、その二時間を共有して一緒に拍手したり感動したりする価値が見直されている。

それは音楽が本来持つ価値であり、それを提供するのが劇場の大きな役割だ。劇場を取り巻く環境の中で、やはり劇場にまだ足を運べない人、行きたくても行かれない人がたくさんいるだろう。夜遅くまでお店をやっている人、劇場に行く人たちを運んでいるタクシーの運転手さんなどだ。演目を考えることも大切だが、地域の人が真に誇りに思えるような劇場をつくることが大事だ。お客さんの成長だけではなく、地域と劇場の縁をどう結んでいくのか。さらなる理想を目指してこれからも取り組んでいく。

## 音楽に何ができるのか

兵庫県立芸術文化センターの芸術監督を務めたことは、僕の音楽人生にとって一つの転換点になった。

芸術監督になったときは阪神・淡路大震災から七年が過ぎていたため、兵庫はすでに大きな意味での復興を遂げていた。しかし芸文のオープン前に地元の商店街で車座集会を開いたとき、街の人々から「そんな立派な劇場を建てるお金があるのなら、うちのローンを支払ってください」と言われたこともあった。月日が経っても家族を失い財産を失った被災者の現実があった。

それだけに、人々に劇場があることで震災以前よりも自分たちの街が豊かになっていることを実感してもらうには時間がかかった。地元の小学校を回って音楽教室を開いたり吹奏楽を教えたり、オペラのプレイベントや劇場前広場でのクリスマスツリー点灯式など、地域に劇場を根付かせ、音楽の価値を理解してもらうためのさまざまな試みを続けた。

確かにお風呂に入らなくても、コーヒーを飲まなくても人は死なない。音楽を聴かなくても人は生きていける。でもやはり、それらがあることで僕らは生きるよろこびをより深く味わうことができる。そのことを僕はこの街からあらためて教わった。

しかし、二〇一一年の東日本大震災で打ちのめされてしまった僕は、再び音楽の力を問われることになった。兵庫での町づくりに関わり、被災した人々にとって音楽がいかに必要かを自分なりに整理できていたつもりだった。

それがいざ大災害の被害を前にしたときに、何かをやらなければならないのに何をすればいいのかわからない、そんな無力感と戸惑いに再び襲われた。だが震災直後、ドイツのオーケストラからの依頼でデュッセルドルフのチャリティーコンサートにおいて「第九」を指揮したことが、僕に一歩を踏み出す勇気を与えてくれた。

実際に東北に行って小さな演奏会を開くと、涙を流してよろこんでくれたり、元気をもらったと言ってくれたりする人たちがいた。音楽が復興に向けたエネルギーを与えることを知った。

阪神・淡路大震災から約二〇年経った今、芸文センターのお客さんはオペラや交響曲に拍手を贈っている。しかし、お客さんは亡くした家族や友だちのことを記憶から消し去って笑ったり感動したりしているわけではない。

人は、打ちのめされても必ず立ち上がることができる。そこに音楽は深く関わることができる。人が音楽をやる意味は、人が一緒に生きていくことのよろこびを確かめるためだということを僕は被災の地から教わった。そのことを、音楽を通して東北にも伝えていきたいと思う。

## 音楽は神様からの贈り物

僕にとって、ヨーロッパで音楽の高みを目指していくことはとても大事なことだが、被災の地で音楽を分かち合うことも同じように大切なことだ。音楽の神様は、ベルリン・フィルを指揮しているときも、被災地で地域の人や子どもたちと歌っているときも降りてくる。

それを知ったことが音楽の高みを目指すうえで、自分の中で揺るぎない自信になった。音楽を続けていく自分の根っこが太くなり、幹が強くなったと感じる。同時に子どもたちに音の極みを目指していくことのすばらしさを新しい思いで語れるようになった。

特別な経験がいくつもあった。音楽は聴く人の心にも、それを演奏する側の心にも癒しや励ましを与えてくれる。記憶に残る演奏会を何度も重ね、ともに泣き、よろこぶことは音楽の大切なはたらきであることを実感した。

人によって価値観は違い、生き方も異なるが、一緒に生きること、それをよろこびとすることが人間の本質だと思う。

音楽はそのことを体感によって教えてくれるし、それが音楽をする本来の意味だと思う。それぞれが自分らしい音を出しながら、それでいて人の音に耳を傾けることで美しい響きが生まれる。僕たちは音楽をすることによって、人と人との違いやぶつかり合いをポジティブに捉え直すことができるのだ。

僕は無宗教だが、もし神様がいるとしたら、音楽は神様からの贈り物なのだ。「人間は一緒に生きていくことが、本来の姿なんだよ」ということを人間に教えようとして、神様は音楽をつくったのではないかと思う。

# 終章　新たな挑戦

# 世界一音響のすばらしいホール

「ここがあなたのホールです」

ウィーン楽友協会の会長にそう言われて大ホールに案内されたときは、ヨーロッパ中のコンサートホールで長く指揮をしてきた僕もさすがに高揚した。

毎年元日、世界中にテレビ中継されるウィーン・フィル・ニューイヤーコンサートを見たことがあるだろうか。世界的指揮者を伴って、ウィーン伝統のワルツが演奏されるあの会場。ウィーン・ムジークフェラインザール。

一八七〇年に建てられたその大ホールは「黄金のホール」と呼ばれ、天井から壁、カリアティード（女性像の柱）まで至るところが金色に覆われ、絢爛《けんらん》たる装飾が施されている。側面の壁には、ベートーヴェンやモーツァルト、ハイドンなどウィーンゆかりの楽聖たちの胸像がずらりと並ぶ。

そして、世界一豪華なホールは、世界一音響のすばらしいホールでもある。

フルトヴェングラーもカラヤンもベームも、そしてバーンスタインも、名だたる指揮者はすべてここに立った。

このウィーン楽友協会は、長く宮廷と貴族のものだったクラシック音楽を市民に解放し、音楽のよろこびを広く人々に伝えることに大きな役割を果たした。楽友協会がなければ、ウィーンが「音楽の都」として世界中にその名を知られることもなかったかもしれない。

「ここの指揮台に立って、毎回指揮をすることになる……」

僕は二〇一五年秋から、百年以上も前からこのウィーン楽友協会ホールを根拠地に演奏会を開いてきたトーンキュンストラー管弦楽団（以後、管と略す）の音楽監督になることが決まったのだ。

## 客演とはオーディションを受けているようなもの

きっかけは一度の演奏会だった。

二〇一三年二月、僕はトーンキュンストラー管弦楽団の演奏会に客演指揮者として呼ばれた。それまでウィーン放送交響楽団に二回ほど呼ばれたことがあったから、三回目のウィーンとなる。

演目はバーンスタインの「交響曲第二番〈不安の時代〉」と、ショスタコーヴィチの「交響曲第五番」。僕が得意としているレパートリーだった。ウィーンという土地柄はかなり保守的で、練習のムードは厳粛というか重厚というか、とにかく重い。ところが、トーンキュンストラー管では練習がとても充実していて、こちらの要求に対するメンバーの反応はとても良かった。ベテランと若手がほどよく混ざり、特に弦楽器が丁寧でよく鳴った。

また来ることになるだろうな、という確かな手応えがあった。

三日間の公演の初日が終わった後、ドイツ人の女性事務局長と、オーケストラ・マネージャーの二人が、ニコニコしながら僕のところにやってきて、「すばらしい。本当に良かった。ユタカのことが気に入りました」と手放しでよろこんでくれた。

そして二日目。サウンドチェックが終わった後、楽屋に入ってきた事務局長とマネージャーの二人が「話がある」と切り出した。そう、このオーケストラの音楽監督になってくれないか、という打診だった。

驚いた。トーンキュンストラー管とは今回が初顔合わせ、まだ一回しか共演していない。しかも演目はバーンスタインとショスタコーヴィチというウィーンとは直接の関わりがない作曲家の作品である。

ウィーンのオーケストラが、モーツァルトやハイドン、ベートーヴェンといったウィーンゆかりの作曲家の作品の演奏を経ずに、自分たちの活動のかなめとなる音楽監督というポストをゆだねることは通常あり得ない。しかも相手は欧州の伝統を汲まない日本人である。

もちろん、事務局は楽団の音楽監督にふさわしい指揮者を求めて、可能な限りの情報を入手していただろう。特にドイツのオーケストラにコネクションを持つ事務局長は、ドイツで二〇の楽団を振ってきた僕に関する評判を聞いて回ったのだろう。当然、オーケストラのメンバーからは意見を集めている。

オーケストラの指揮者選びというのは、常任指揮者はもちろん、単発で招かれる客演指揮者についても非常にシビアだ。

一度共演した指揮者をどう思ったかについて、メンバーに細かくアンケートを取る。たとえば「ぜひもう一度呼んでほしい」「どちらでもいい」「呼ばないでほしい」「絶対呼ばないでほしい」。

オーケストラによっては、そうした指揮者の〝採点リスト〟をそれぞれ持っており、それをもとに次の指揮者を選ぶ。有名な指揮者が酷評されている場合も少なくない。ソリストについても同じことが当てはまる。採点する側もデジタルなコンピューターではないので、すごく人間臭いプロセスだ。

つまり、いくら客演といっても、売り出し中の指揮者は毎回、リハーサルと演奏会を通して指揮者としてのオーディションを受けているようなものなのだ。そのオーディションに落ちれば、もう二度と呼ばれることはない。

## 州の支援を受けるトーンキュンストラー管弦楽団

僕は二八歳のときにブザンソンの国際指揮者コンクールで優勝してから、欧州のオーケストラを相手に、そんなオーディション暮らしを長らく続けてきた。

一九九三年からはパリのコンセール・ラムルー管弦楽団の首席指揮者を一七年間務めた。その間、欧州の主要オーケストラから首席指揮者等の主要ポストを打診されたことも何度かあったが、引き受けてこなかった。しかしここ数年、そろそろ欧州に本拠地を置き、腰を据えて一つのオーケストラと向き合ってみたいという思いが芽生え始めていた。そんな中、オーケストラの全権限が集中する音楽監督の依頼を初めてもらったのだ。

トーンキュンストラー管からの申し出には少々面食らったが、事務局長もオーケストラ・マネージャーもとても気持ちのいいスタッフで、音楽への志とオーケストラに対するビジョンを持っていた。そのことにまず好感を持てた。

最初に僕が彼らに尋ねたことは、オーケストラの財政面と運営方法についてだった。わかりやすく言えば、メンバーの待遇の善し悪し。オーケストラの音楽監督をやっていくうえで、これはとても重要なことだ。

いくら指揮者や演奏会の評判が良くても、経営難に陥っているオーケストラは、演奏家が待遇面に不満を覚えて、ほかのオーケストラへ移っていってしまう。優れた演奏家はオーケストラの基礎体力だ。知名度を誇るわけではないこのオーケストラに若い有能な音楽家たちを呼び寄せるには、まず十分な待遇が条件になる。

その点、州の支援を手厚く受けているトーンキュンストラー管はとても充実していた。逆から見れば、税金が投入されているわけだから、それだけ楽団の活動には公共性が求められ、運営姿勢が問われることになる。引き受けるには覚悟が必要だった。

「考えさせてほしい」と、その場は話を持ち帰った。

自分の周りで何かが大きく動こうとしていた。

## 責任は重いが、そのぶん可能性を秘めている

ヨーロッパの音楽監督は日本とは大きく違って、その権限は楽団の芸術面に限らない。オーディションを含むオーケストラの構築、シーズンのテーマとプログラム、客演指揮者・ソリストの人選など、人事を含む運営面の全権を委任される。日本よりもはるかに大きな存在だが、そのぶん責任も重い。やすやすと引き受けられる仕事ではなかった。

ウィーンのオーケストラには、まず名門中の名門であるウィーン・フィルハーモニー管弦楽団がある。それからウィーン交響楽団、ウィーン放送交響楽団、そして

トーンキュンストラー管弦楽団。

　僕は、オーケストラの最高峰ウィーン・フィルを指揮するために、ウィーンで指揮者としての足跡を残していく道を見極めなければならないと考えていた。

　とはいえ、日本でもまだあまり知られていないこのオーケストラの音楽監督に就くことが、自分の指揮者人生にとっていいことなのかどうかは、正直いってよくわからなかった。もちろん、兵庫の芸文センターの芸術監督も含めて今、自分が置かれた状況との関係も勘案する必要がある。

　しかし、打診を受けて日本やヨーロッパのスタッフたちと検討を重ねるにしたがって、この仕事が途方もない可能性を秘めていることが次第にわかってきた。

## ウィーンのオーケストラを任されるということ

「トーンキュンストラー」は、ドイツ語で「音楽家」を意味する。この楽団の第一回演奏会は一九〇七年、ウィーン楽友協会でグリーグやリスト、ベートーヴェンの作品を演奏したというから、実に百年以上の伝統を持つ。

何度か名称や組織のかたちを変えながら、現在は首都ウィーンを囲むニーダーエスターライヒ州に所属するオーケストラとして運営されている。フルトヴェングラー、クレンペラー、クナッパーツブッシュらが指揮をしてきた。

活動の拠点は州都ザンクト・ペルテン、後で述べる音楽祭の会場となるグラフェネッグ、ウィーンの三都市。定期演奏会は主に金曜日と日曜日にウィーン楽友協会の大ホールで開き、土曜日にザンクト・ペルテンのフェストシュピールハウス（祝祭劇場）、またはグラフェネッグで開催する。

通常の定期演奏会の多くは一日だけで終わってしまい、一つのプログラムで同じ指揮者が三回の演奏会を開く機会は滅多にない。トーンキュンストラー管の三日間の演奏会は、音楽的にはとても魅力的な要素といえる。

そして、楽友協会ホールで日曜午後に開く定例のサンデー・コンサートは、ウィーンっ子ばかりではなく、ヨーロッパ中の音楽ファンに長らく愛されてきた〝名物コンサート〟である。

ウィーンの人々にとって、格調高いウィーン・フィルが世界に誇るべきオーケストラならば、トーンキュンストラー管は、より身近で親しい存在といえるかもしれない。

楽友協会ホールは、僕たち音楽家にとっては本当に神聖なホールである。あの空間で定期的に自分のオーケストラを振るということがどういうことか。ウィーン・ムジークフェラインザールが自分たちのホール、僕のホールになるというのは夢のようなことだった。

さらに心惹かれたのは、二〇〇七年から毎年夏に、ウィーン郊外のグラフェネッグ城の敷地で開催されている「グラフェネッグ国際音楽祭」で、トーンキュンストラー管がレジデント・オーケストラを務めていることだった。

ベルリン・フィルやウィーン・フィル、パリ管弦楽団といったトップオケと指揮者が客演し、国際的な注目が集まる。さらにオープニングコンサートのほか、音楽祭直前の六月のミッドサマー・ナイト・ガラコンサートにも毎年出演し、その様子はヨーロッパで中継される。トーンキュンストラー管の音楽監督は、音楽祭そのものの芸術監督と一緒に、この祝祭を切り盛りしていくのである。

世界のトップアーティストが集う「ザルツブルグ音楽祭」が財政問題で縮小傾向にある一方で、このグラフェネッグ城での野外音楽祭は、がぜん人気を集めているという。期間中はウィーンからシャトルバスが毎日出ていて、四五分で行ける。日帰りで楽しめる音楽祭だ。

ウィーンは小さな街だが、それだけで一つの音楽文化をかたちづくっている。そこで一つのオーケストラを任されることは、音楽の都の主人公の一人としてウィーン・フィルのメンバーにも国立歌劇場にも名前を知られることになる。

ウィーンにいる音楽仲間たちに音楽監督の件を相談してみた。すると、ウィーン・フィルのメンバーも含め、みんなが口を揃えて「絶対やるべきだ」と断言し、「すばらしい！」と絶賛した。

スタッフからも反対の声がまったく出ない。みんなが前向きになっていた。

## 深いクラシック音楽のよろこびを知るために

ウィーンは僕が青年時代に初めて留学した思い出の地である。

僕は当初、ウィーンに行くつもりはなかった。一九八七年、タングルウッド音楽祭で、憧れのバーンスタインのレッスンを初めて受けた僕は、ニューヨークにいるバーンスタインのそばで指揮を学びたいと考えていた。僕の中には華やかなアメリカンドリームのイメージがあったのだ。

それが、「ユタカ、ウィーンに行け」というバーンスタインの一言で煙のように消えた。

それまで摩天楼とブロードウェイの光まぶしい都会での生活を夢見ていたのだが、一転、落ち着いた歴史と伝統の街で暮らすことになった。お金もなければ、仕事もなかった。言葉は通じず、知人もいなかった。「なんでこんな田舎町に住まないといけないのか」と半分思った。

バーンスタインが「ウィーンに行け」と言った気持ちは、そのときの僕にはわかっていなかった。でも、今はこんなふうに思う。

バーンスタインはアメリカ人で初めて世界的な名声を得た指揮者だった。しかしというか、だからというか、本当に深いクラシック音楽のよろこびを知るためには、アメリカではなく、本場ヨーロッパの空気を吸わなければならないということを体でわかっていた。

ウィーン・フィルの音を生で聴くこと、ムジークフェラインの聴衆の雰囲気に触れること、毎晩オペラを観劇すること、そんなことのすべてが僕の体に染み込むように、じっくりとこの街を体験させたかったのではないかと思う。

まだウィーンに暮らし始めたばかりのころ、ツアーで来ていたバーンスタインと楽屋で話していると、

「ユタカ、ウィーンで友だちはいるのか。いないのなら、私のウィーンの大親友を紹介するよ」

と言ってくれた。そうして連れて行ってくれたのは、ベートーヴェンの像の前だった。

「彼が昔からの大親友、ルートヴィヒだ。おまえも今日からルートヴィヒと呼べばいい」

そんなふうに、音楽の聖地で歴史を刻んできた作曲家たちをごく身近に感じるほど音楽を普通に呼吸すること。それが、バーンスタインが僕に伝えたいことだったのだと思う。

今にして思えば、それはとてつもなく大きなアドバイスだった。

## 一回しか振らなかったところからのオファー

僕が優勝したブザンソンの指揮者コンクールはフランスだったし、ヨーロッパで指揮の仕事を始めたのもフランスだった。僕は結局、ウィーンを離れてパリに一七年間住むことになるが、ウィーンにいた三年間がどれだけ濃密な時間だったか。

そこで味わった指揮と演奏。カラヤン、クライバー、バーンスタイン。オペラではそのころ、パバロッティもドミンゴも現役バリバリで歌っていた。三年の間に聴いた音は、僕の宝物になっている。

ウィーンのあの「音楽の頂点」を極めていこうという、一種異様なまでの空気、エネルギー、パワー。それはパリにもなければ、ベルリンにもないものだった。

留学時代は、自分がそこに行けるかどうかは別にして、まさにその「音楽の頂点」しか見ていなかった。僕はウィーン・フィルを聴くためにウィーンにいた。バーンスタインがウィーン・フィルを指揮した公演のリハーサルも間近で見た。

ウィーン・フィルの指揮台に立つ世界有数の指揮者を褒めることもけなすことも

自由にできた。僕は頂点を見つめながら、憧れと嫌悪感の両方を抱いていた。頂点には頂点特有の政治、人事、駆け引きがあり、栄光のプライドとそれゆえの困難もあるということが今ならわかる。

たった一回しか振らなかったオーケストラから、音楽監督に来てほしいというストレートなオファーがあり、大きな権限の中で自由に運営できる状況が差し出されている。

ウィーン・フィルなどと常に比較されてきたトーンキュンストラー管は、他の楽団とは違う独自性、自分たちの音楽とは何なのかを模索してきた。

このオーケストラの持つさまざまな条件と環境を考えると、世界的にもかなりユニークな活動を試みることができるように思う。

そんな舞台は、ゼロから挑戦を繰り返してきた僕にピッタリではないか。完結や円熟は今の自分には似つかわしくない。

ウィーンで活躍できる舞台が、留学時代に僕が漠然と描いていたのとはまったく別のかたちで、現実のものになろうとしている。力の充実した今は、大きな仕事を始めるにはいちばんいいときだ。こちらの準備ができたとき、符丁が合ったように突然、降ってきたミッションだった。

海外での指揮者修行をウィーンで始めた僕が、時を経てオーケストラの音楽監督として再びこの地で出発点に立つ。不思議な巡りあわせだった。

僕は何かに呼ばれているように感じた。

## ウィーンがなぜ「音楽の都」と呼ばれているか

ヨーロッパに本格的な拠点を置いて、一つのオーケストラの音楽監督をやる。それは、コンセール・ラムルー管弦楽団で務めた首席指揮者の仕事とはまったく違う。もちろん、兵庫県立芸術文化センターの芸術監督とも違う。

ヨーロッパのオーケストラと、がっぷり四つに組んで音楽をつくる。それは腕一本で音楽に向き合う原点に戻るということだ。今まで屋台を引っ張ってきた料理人が、ウィーンでお店を構えるようなものだ。

もちろん、不安やプレッシャーはある。ヘタなドイツ語でミーティングをこなさなければならないし、スポンサーにアピールしなければならない。楽団のメンバーをねじ伏せなければならないときも出てくるだろう。凍りつくような孤独を感じることもあるに違いない。

これから新しいことが次々に起こる。それぞれが挑戦になり、勝負になる。そこには音楽そのものがあり、とてつもなく面白い世界が待っている。そのためには不安やプレッシャーも、めいっぱい楽しもうと思う。

僕に与えられた最大のミッションは、いい音楽をつくり、いい演奏会を提供することだ。ウィーンが「音楽の都」と呼ばれるのは、この街の人たちがいい音楽に対しては心からの賞賛を贈ってくれるからだ。これこそがウィーンで音楽ができる幸せだ。

## 自然の美と人工の美が調和した美しい場所

音楽監督に就任するための調印式は、二〇一三年一一月五日、グラフェネッグ城で行われた。写真や資料では知っていたが、実際に訪れたお城を初めて目にしたときは、度肝を抜かれた。

深い緑の林を抜けると、濃紺の屋根を頂く白色の城が現れる。中には教会があり、まるでシンデレラが馬車で到着するような壮麗なお城だ。周りには芝生の緑が鮮やかな英国調の広大な庭園が広がる。

それとは対照的に、モダンアートを思わせるスタイリッシュな外観を持つ千四百席の野外ホールとコンサートホールがあった。自然の美と人工の美が調和した本当に美しい場所だ。城の名前が地名になっているほどの広大なこの場所には、その気になれば一万人は呼べるだろう。

調印式に立ち会ったトーンキュンストラー管弦楽団最高経営責任者が言った。

「ここで、あなたのやりたいことを何でも自由にしてください」

音楽監督としての任期は二〇一五年九月から二〇一八年八月末までの三年間。二〇一五年秋から一年の約四カ月間をウィーンで過ごし、年間一二回の定期演奏会のうち最低五回を担う。

州が運営する楽団のため、音楽教育プログラムの実施を期待されている。この楽団はオーストリアのオーケストラの中では、音楽教育プログラムを最も早く取り入れた。これまで五万人を超える青少年にコンサートとワークショップを提供してきた。

教育プログラムを含めてオーケストラが社会的にどういう意味を持つのか。そういうことがはっきり価値として見えてくること。それは僕が兵庫で学び、「佐渡裕ヤング・ピープルズ・コンサート」やＳＫＯなど、さまざまなかたちで実践してきたことだ。

そうした成果をもとに、今度はクラシックの本場で子どもたちや演奏家の卵たちを相手に佐渡流の音楽教育を実践し、二代、三代にわたる音楽の担い手や愛好家を育てていくつもりだ。

長い歴史を持つトーンキュンストラー管は、事務局を含めて、とても家族的な雰囲気を持っている。それぞれの楽器パートの技術は、世界から超一流の演奏家が結集するウィーン・フィルには及ばないにしても、音楽は技術だけでつくるものではない。僕たちはウィーン・フィルよりもより高い志で音楽に臨むことができる。「ウィーン・フィルよりもいい音がした」。トーンキュンストラー管を聴いた人たちにそんなふうに言わせたい。

二〇一五年秋からスタートするプログラムは決まっている。

まず、ウィーンのオーケストラであることをはっきり示すため、ウィーンゆかりの作曲家の作品を取り上げる。ハイドン、モーツァルト、ベートーヴェン、ブラームス、シューベルト、リヒャルト・シュトラウス、ブルックナー、マーラー。

中でもハイドンを積極的に取り上げる。ハイドンの交響曲はオーケストラのトレーニングには最適だ。古楽のスタイルではなく、現代の様式でスリリングなハイドンを贈る。

三年間を通しては、ブラームスの交響曲全四曲をやりたいと思っている。二〇一五年秋にはR・シュトラウスの作品をレコーディング。日本ツアーのプランも出ている。

二〇一八年はバーンスタインの生誕一〇〇年に当たる。この年にはバーンスタインの作品を真正面から取り上げることになるだろう。

## 誰もがよろこびを味わえる音楽を届ける

トーンキュンストラー管弦楽団の演奏会は、定期会員で客席のかなりの割合が埋まる。それで長らくやってきたオーケストラに特段の危機感はないかもしれない。

しかし、僕らが見なければならないのは、そのお客さんたちが演奏会に向かう気持ちである。彼らがどんな思いで演奏会を待っているのか。何を期待して会場に足を運ぶのか。演奏会を聴いて何が心に残ったのか。もしかしたら、惰性とか習慣でなんとなく演奏会に足を運んでいないか。

一回の演奏会ごとにオーケストラとお客さんの関係が終わるのではなく、その日の演奏会にたまたま来た人が感動して、次に友だちを連れて演奏会に来る。すると、また別の感動や発見が用意されている。

そんなふうに、点が線、線が面になっていくようなお客さんの増え方。年に一二回の定期演奏会に通い続ける理由が明確に見えてくるようなコンセプトを打ち出す必要がある。

その意味では、僕が一〇年以上、兵庫で重ねてきた経験とノウハウが役立つに違いない。それは期待を抱かせるプログラムの作り方、わかりやすい楽曲の解説、開かれた楽団のあり方などを模索してきた年月だった。

兵庫では、それまでクラシック音楽に触れたことがなかった多くの人たちに、初めてコンサートホールに足を運び、特別な空間でオーケストラやオペラを聴くことのよろこびを知ってもらえた。五千人以上の定期会員が年間チケットを手に入れて演奏会を心待ちにしている。

クラシックの伝統を受け継ぐウィーンの人たちとも、そんな心躍るようなワクワク感と、音楽との新鮮な出会いを分かち合いたい。それが僕の目指す音楽の一つのあり方だから。

まだ、演奏会に来たことのない人、音楽の本当のよろこびに触れたことのない人、そういう人に向けて、誰もがよろこびを味わえる音楽を届ける。そういう仕事をクラシック音楽の聖地でも始めることになる。

# 現在のウィーンでの活躍について

林田直樹（音楽ジャーナリスト・評論家）

本書は、佐渡裕さんのオーストリアのトーンキュンストラー管弦楽団音楽監督への就任が決まり、二〇一五年秋からの新しいシーズンのスタートを切るところで終わっている。その後の佐渡さんはどうなったか？

まず驚くべきことに、トーンキュンストラー管弦楽団は、一年目のシーズンのときに、たちまち契約延長を申し出たのである。その期間は二〇二二年まで。音楽監督として全幅の信頼を得たことの、何よりの証拠だろう。

これで佐渡さんは、長期的な計画を立てながら、今後さらにじっくりとウィーンに腰を据えることになる。

決定打となったのは、二〇一六年五月の日本ツアーの成功である。演奏の充実もさることながら、外来オーケストラでは異例ともいえる全国14回という公演で、毎回熱気あふれる聴衆に迎えられたことが、オーケストラに大きな喜びを与えたのだという。

佐渡さんは、誰とでも打ち解けて心を開いて話し合える雰囲気を豊かに持っている人である。ともすれば、お高くとまったイメージを持たれがちなクラシック音楽の閉鎖性を打破できる、親しみやすさがあるのだ。

本書でも随所に出てくるが、単に良い演奏をすればいいというだけではなく、音楽が普通の人々の生活にとっていかに密着したものになりうるかを常に考えようとする。少しでも胸襟を開いて語りかけようとするし、共感や連帯を大切にしようとする。現代の民主主義社会において、人と人とをつなぐ、いわば媒介者となりうるオーケストラの指揮者にとって、これほど重要な姿勢はない。そして、それはいつしか音楽の内容にも反映されてくる。

ウィーンにおけるトーンキュンストラー管弦楽団の位置は独特である。
ニーダーエステライヒ州を基盤とし、地元の人たちのための教育プログラムも盛んで、ある意味、ウィーン・フィルハーモニー管弦楽団以上に地方色が豊かである。

たとえばウィンナ・ホルンのまろやかさは、同じ先生に学んだ奏者たちだからこそ保たれる。木管セクションの「アコーディオンが重音で鳴っているような」音色は、奏者たち全員の努力によってハーモニーとして生まれる。

その一方で、現代の作曲家たちとのつながりも深く、さまざまな国の新しい作品を積極的に演奏してきた。そのため、楽譜に書かれていることを忠実に再現する機能性を重視するあまり、これまでウィーンらしさをあまり表に出さなかったところもあるのだという。

「たとえばリヒャルト・シュトラウスの『ばらの騎士』組曲のリハーサルのときなどは、ウィーン風にやるにはどうしたらいいか、僕が提案しなければならなかったくらいで、それはかえって新鮮でした」

佐渡さんは現在、年に五カ月もの期間をウィーンで過ごしている。イギリス、フランス、ドイツ、イタリアのオーケストラへも、これまで通り客演を続ける一方で、ウィーンが生活の基盤になった。

世界の音楽の殿堂、黄金のウィーン楽友協会大ホールでのコンサートが、日々の営みのひとつになったのである。佐渡さんは、ウィーン旧市街の中心部、シュテファン教会から歩いてすぐのところに住んでいる。

「うちのアパートのすぐ向かいは、モーツァルトが最初に住んだ家で、彼が死んだ場所もすぐ近くにあります。また、数百メートルの範囲内にベートーヴェンが演奏していたサロンや、シューベルトが通ったレストラン等もあります。作曲家たちとの精神的な距離は近くなったし、もっと知りたくなった。彼らはどういう気持ちでこの道を歩いていたのか……。田園交響曲を演奏すると、ベートーヴェンが遺書を書いたというハイリゲンシュタットの風景がはっきりと目に浮かびます。音楽家にとって、彼らの音楽を演奏するためにはどうしたらいいか、それを理解するための栄養素がいっぱいある街ですね。重要な建物が残っている宝箱のようでもあり、美しい飾り立てられたものもあるけれど、閉鎖的なところもある……それはどこか京都に似ているかもしれません。

ウィーンの人たちは、言葉の響き（発音やアクセント）ひとつとってみても、彫りとカーヴが深い。柔らかさがある。音の美への意識が高いのです。それは音楽とも関係することです。そういうことは楽譜には書いていないけれど、作曲家がその作品を作るにあたって、もともと持っている風土のようなものを、音楽として生きとよみがえらせる力が潜在的にあるのです。そんな彼らが、自分たちは何て素晴らしいものを持っているのだろうと気づくことも大事だと思います」

二〇一六年三月には、トーンキュンストラー管弦楽団が新しい自主CDレーベルを立ち上げた。佐渡さんの指揮による、リヒャルト・シュトラウスの交響詩「英雄の生涯」＆「ばらの騎士」組曲、ブルックナーの交響曲第四番「ロマンティック」、ハイドンの交響曲「朝」「昼」「晩」、シベリウスの交響曲第二番＆交響詩「フィンランディア」で、彼らの密度の濃い音楽的成果を聴くことができる。

「それぞれお互いが違うことを思っているからこそ、一緒に何かを作ろうとすることが、柔軟性をもって自発的に音楽をすることが、面白いのです」

と語る、佐渡さんの自信にあふれた表情を見ていると、トーンキュンストラー管弦楽団の音楽監督としてのウィーンでの未来の日々が、これまで以上に大きな実りをもたらしてくれるに違いないと感じられる。

# 文庫化解説

姜尚中《かんさんじゅん》（東京大学名誉教授／熊本県立劇場館長）

被災地・熊本でタクトを振る佐渡裕さん。場所は県庁のホールの一角だ。階段や踊り場に老若男女が鈴なりにじっとスーパーキッズ・オーケストラ（SKO）の奏でる音に聞き入っている。その巨躯《きょく》を自在に動かしながらタクトを振る佐渡さんの指揮のもと、弦楽器の、この世のものとは思えない清澄《せいちょう》な音色がホールに響き渡る。私だけではない、多くの人々が涙を拭いながら至福の表情を浮かべているのだ。感動、それに尽きる。

ただ、それは、並みの感動ではなかった。音による感動であるにもかかわらず、私には目の前で光がキラキラと輝き、弾けているような光景が見えたからだ。それは聴覚と視覚の感動が混然一体となり、体の芯の部分に鬱積されたものが解き放たれ、まるで光の粒子となって空中に浮遊する、それに近いような感動だった。
音楽が視覚芸術へと昇華される、そんな背理《はいり》と思える直感が私を捉え、そこに佐渡裕という、稀有な指揮者の天分が宿っているように思えた。この直感は、間違ってはいなかった。

本書で佐渡さんは、いみじくも「ヨーロッパに行って、僕が得たいちばん大きな発見は光だった」(27ページ)と述べているからだ。またこうも述べている、「音から色彩感や空間意識を受け取る感性」(114ページ)こそが、指揮者に最も必要なことである、と。

こんな言葉を吐く指揮者は初めてだ。欧州の名だたるオーケストラを総なめにし、世界の檜舞台で活躍している超一流のアーティストであるにもかかわらず、佐渡さんは自らをアーティストと呼ぶことはない。

僕は自分のことを芸術家と思ったことはない。それは周りが与えてくれる称号のようなものであり、僕自身は自分のことを『音楽を扱う職人』だと思っている。
(105ページ)

「音楽を扱う職人」。この呼称を佐渡さん一流の謙遜と思ってはならない。額面通りに受け取るべきである。

「音楽を扱う職人」という呼称には、指揮者、佐渡裕のすべてが凝縮されている。指揮者は、創造主のように無から有を創り出す作曲家ではない。無から有を創造するクリエーターという意味で、確かに作曲家はアーティストである。

これに対して、指揮者は、譜面というテキストを読み込み、作曲家がイメージしていたに違いない音楽を、今を生きる演奏者の生の演奏を通じて再現し、そこに魂吹き込む、いわば魂の媒介者という意味で、クラフツマン（職人）にほかならない。

佐渡裕さんほど、楽譜のコードを読み込み、その中に秘められた作曲家の「暗号」を読解することに長《た》けた指揮者はいないかもしれない。楽譜は万人に開かれた共通言語で綴られ、その共通言語が、指揮者とオーケストラが一体となった演奏を通じて聴く人の魂を揺さぶるのである。

そんな「地道に音を組み立てていく職人」への佐渡さんのこだわりには、明らかに気取らない巨匠、レナード・バーンスタインの音楽の「DNA」が受け継がれているに違いない。

それは、ヨーロッパ・クラシックの正統的なカリスマ、ヘルベルト・フォン・カラヤンと好対照をなしている。バーンスタインの弟子、佐渡さんが選んだのは、正統と異端を超えたような「職人気質」のマエストロの道である。

そこには、今でもかつての少年時代の佐渡さんとの「自己内対話」を音の目利きの拠り所にする、永遠の青年、佐渡裕がいる。本書の魅力は、この意味で古びることのない、青春の音楽論であり、自伝でもある。

著者紹介
**佐渡　裕**（さど　ゆたか）
1961年生まれ。京都市立芸術大学卒業。故レナード・バーンスタイン、小澤征爾らに師事。1989年ブザンソン指揮者コンクール優勝。1995年第一回レナード・バーンスタイン・エルサレム国際指揮者コンクール優勝。パリ管弦楽団、ベルリン・ドイツ交響楽団、ケルンWDR交響楽団、バイエルン国立歌劇場管弦楽団、ベルリン・フィルハーモニー管弦楽団、ロンドン交響楽団、北ドイツ放送交響楽団等、一流オーケストラを毎年多数指揮している。2015年9月よりオーストリアを代表する、100年以上の歴史を持つトーンキュンストラー管弦楽団音楽監督に就任。国内では兵庫県立芸術文化センター芸術監督、シエナ・ウインド・オーケストラの首席指揮者を務めるほか、2015年まで「題名のない音楽会」（テレビ朝日系列）の司会者を務めた。
著書に『僕はいかにして指揮者になったのか』（新潮文庫）、『僕が大人になったら』（ＰＨＰ文庫）などがある。

オフィシャルファンサイト
http://yutaka-sado.meetsfan.jp

編集協力　片岡義博
　　　　　メディアプレス

本書は、2014年10月にPHP研究所より刊行された『棒を振る人生』に、加筆・修正したものである。

PHP文庫　棒を振る人生
指揮者は時間を彫刻する

2017年9月15日　第1版第1刷

著　者　佐渡　裕
発行者　後藤淳一
発行所　株式会社ＰＨＰ研究所
東京本部　〒135-8137　江東区豊洲5-6-52
文庫出版部　☎03-3520-9617(編集)
普及一部　☎03-3520-9630(販売)
京都本部　〒601-8411　京都市南区西九条北ノ内町11
PHP INTERFACE　http://www.php.co.jp/
組　版　朝日メディアインターナショナル株式会社
印刷所
製本所　図書印刷株式会社


ISBN978-4-569-76759-8

PHP文庫好評既刊

お坊さんが教える
# イヤな自分とサヨナラする方法

小池龍之介 著／カモ 絵

嫉妬する、イライラする、優柔不断、褒められたい……ネガティブな感情を整理して、穏やかに生きる方法を可愛いイラストと共に紹介。

定価 本体六六〇円（税別）